FADIGA CRÔNICA

GUIA DE SAÚDE

FADIGA CRÔNICA

DR. GRÉGOIRE COZON

TRADUÇÃO **Adriana de Oliveira**

LAROUSSE

Título do original em francês: **Fatigue chronique**

EDIÇÃO BRASILEIRA
Direção editorial **Soraia Luana Reis**
Editor assistente **Isney Savoy**
Tradução **Adriana de Oliveira**
Coordenação e edição de texto **Valentina Nunes**
Consultoria técnica **Prof. Dr. José Antonio Levy**
Revisão **Agnaldo de Oliveira** e **Caio Nehring**
Projeto gráfico, capa e diagramação **Terra Design Gráfico**
Gerente de produção **Fernando Borsetti**

EDIÇÃO ORIGINAL
Direção geral **Carola Strang**
Direção editorial **Carole Bat**

Dados Internacionais de Catalogação na Publicação (CIP)
(Câmara Brasileira do Livro, SP, Brasil)

Cozon, Grégoire
Fadiga crônica / Grégoire Cozon; tradução Adriana de Oliveira. -- São Paulo: Larousse do Brasil, 2006. -- (Guia de saúde)

Título original: Fatigue chronique
ISBN-10 85-7635-113-7
ISBN-13 978-85-7635-113-9

1. Medicina preventiva 2. Saúde - Promoção 3. Síndrome de fadiga crônica I. Título. II. Série.

CDD-616.0478
05-9033 NLM-WM 174

Índices para catálogo sistemático:

1. Síndrome de fadiga crônica : Diagnóstico e tratamento : Medicina 616.0478

1ª edição brasileira: 2006
1ª reimpressão: 2007
Direitos de edição em língua portuguesa, para o Brasil, adquiridos por
Larousse do Brasil Participações Ltda. Rua Afonso Brás 473, 16º andar São Paulo/SP
CEP 04511-001 Telefone (11) 3044 1515 / Fax (11) 3044 3437
E-mail: info@larousse.com.br / Site: www.larousse.com.br

NOTA EDITORIAL: *Esta obra foi preparada e redigida com todo o apuro e cuidado. Em razão da amplitude dos temas abordados, pode conter alguma falha. Os editores não são responsáveis pelas conseqüências de qualquer interpretação inadequada do texto. Deve-se lembrar, sempre, que os livros constituem importantes fontes de referência, mas nenhum texto escrito pode substituir a consulta a um médico. Evite a automedicação.*

apresentação

Nos últimos dez anos, muito se tem estudado sobre a Síndrome da Fadiga Crônica (SFC), porém os progressos não chegaram a uma etiologia (origem e causa) determinada. Indubitavelmente serão descobertos, no futuro, importantes fatos nesse campo.

Há seis anos, eu, José Antonio Levy, e os colegas Paulo Borsoi Salum e Mary Carvalho, médicos e pesquisadores da Faculdade de Medicina da Universidade de São Paulo (FMUSP), atendemos pacientes com fadiga e a consideramos sintomática, por exemplo, nas alterações do metabolismo muscular, cardiopatias, pneumopatias, endocrinopatias etc.

A SFC apresenta muitos sintomas (quatorze, conforme este livro). Concordamos com o médico norte-americano Goldstein, que afirma que a SFC é provavelmente devida à lesão na região límbica do cérebro.

Parabenizo o dr. Grégoire Cozon pela excelência de sua obra. O autor trata da definição da fadiga, além de seu mecanismo, causas, fatores neuropsiquiátricos, reações anormais, fatores de risco, base do diagnóstico, tratamento, afecções relacionadas ao sistema imunológico, dietas e metabolismo. Os aspectos referidos e estudados são completos e apresentados neste livro de maneira extremamente clara.

Prof. Dr. José Antonio Levy

Médico criador do ambulatório de fadiga crônica e professor associado da Clínica Neurológica da Faculdade de Medicina da Universidade de São Paulo (FMUSP). Chefe do serviço de Fisioterapia do Hospital Beneficência Portuguesa e autor de artigos especializados.

compreender

agir

compreender

1

O que é fadiga

- Fadiga normal
- Mecanismos da fadiga
- Controle da fadiga e recuperação

Fadiga normal

A fadiga é normal em todo indivíduo. Trata-se de um estado comum que qualquer um sente após realizar atividades físicas ou intelectuais intensas. Faz parte da vida cotidiana, mas também pode ser sintoma de várias doenças.

São raras as doenças que não se fazem acompanhar pela fadiga, esse estado de fraqueza geral que não se relaciona a esforço ou trabalho e que os médicos chamam de astenia ou fraqueza orgânica.

A fronteira entre a fadiga normal e a fadiga anormal é difícil de ser definida, pois varia de pessoa para pessoa. Além disso, algumas doenças podem causar sensação de fadiga comparável àquela causada por esforços intensos e prolongados.

DEFINIR A FADIGA

É muito difícil tanto para o médico quanto para o paciente explicar o que é a fadiga. Mais difícil ainda é tentar quantificá-la, e a razão para isso está no fato de se tratar de uma sensação individual, pessoal e subjetiva – característica que, para efeito de comparação, ocorre também com a sensação de bem-estar ou de boa disposição.

Em termos gerais, pode-se dizer que a fadiga é uma sensação de prostração causada pelo excesso de esforços físico ou intelectual.

Limiar da fadiga

A partir de que momento uma pessoa se sente fatigada? Essa questão é essencial porque remete a uma noção muito importante, que é o limiar da fadiga.

Assim como acontece com a dor, existe um ponto, um limiar, a partir do qual toda pessoa se sente fatigada. Mas essa noção de limiar é pessoal e intuitiva. Varia de acordo com parâmetros individuais: algumas pessoas se sentem mais fatigadas ou são mais fatigáveis, enquanto outras são mais resistentes. Existem, porém, outros aspectos a serem considerados: qualquer um fica fatigado (e fatigável) depois de um dia inteiro de trabalho, muito mais cansado do que estava pela manhã, após uma boa noite de sono.

compreender

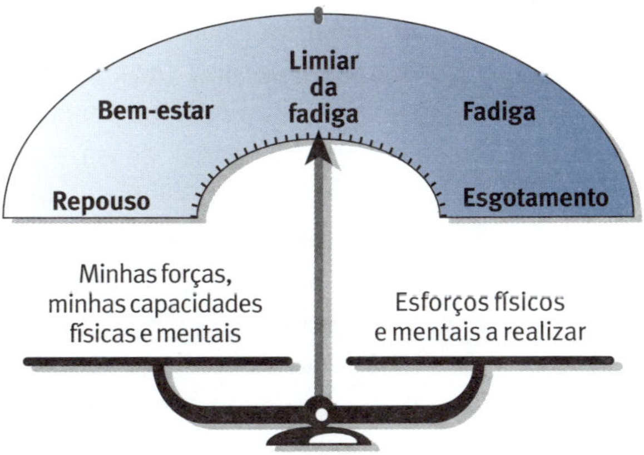

Limiar da fadiga
Para além de um determinado ponto, de um limiar, qualquer esforço realizado é capaz de exceder as capacidades físicas ou mentais. Nesse momento, a sensação de repouso e bem-estar desaparece, dando lugar à fadiga e, às vezes, ao esgotamento.

Recuperação

Variações individuais sobre o limiar da fadiga remetem a uma segunda noção que também é fundamental: a recuperação. Depois de repousar ou de uma boa noite de sono, o limiar da fadiga se eleva, fazendo a pessoa se sentir pronta para novos esforços, antes de se cansar novamente. Ao final do dia, porém, esse limiar cai e o mesmo esforço feito pela manhã se torna muito mais cansativo.

Pessoas acometidas pela fadiga crônica perdem a capacidade de se recuperar: o repouso, para elas, não é mais reparador, pois acordam de manhã tão fatigadas quanto estavam antes de dormir.

Condicionamento físico

O limiar de fadiga varia também em função do condicionamento físico. Depois de alguns dias ou semanas de exercícios, um mesmo esforço que antes fatigava tanto passa a ser menos cansativo.

Uma pessoa saudável que não pratica atividades físicas regularmente, em geral se sente muito cansada depois de correr, por exemplo, três ou quatro quilômetros. É comum que sinta falta de ar, músculos e tendões doloridos. No dia seguinte, e por até três dias, ela ainda pode sentir dores.

Mas se, apesar dessa experiência dolorosa, continuar a se exercitar e voltar a correr, alguns dias depois o mesmo esforço será mais bem tolerado, a fadiga será menos intensa e a recuperação mais rápida.

Desde que continue a se exercitar, percorrer três ou quatro quilômetros já não causará dores nem dificuldades, podendo até gerar bem-estar.

Atividades progressivas permitem ao organismo se adaptar ao esforço e se recuperar melhor da fadiga. Com treinamentos regulares, o limiar da fadiga se eleva e as capacidades físicas ampliam-se.

FADIGA FÍSICA E FADIGA NERVOSA

A fadiga pode ser definida como a incapacidade de se realizar um determinado esforço físico ou intelectual. Manifesta-se também por impor limites físicos ("não me sinto capaz de subir três andares a pé, ou de andar apenas 500 metros") e intelectuais ("não consigo me concentrar na leitura nem em nenhum programa da televisão").

Para diferenciar esses dois aspectos da fadiga, fala-se em fadiga física e fadiga nervosa.

FADIGA E PREGUIÇA

Fadiga e preguiça não são a mesma coisa. A fadiga é a incapacidade involuntária de fazer esforços físico ou intelectual. A preguiça resulta mais de uma propensão voluntária de não realizar esforços.

Essa diferença teórica nem sempre é fácil de ser percebida na prática. A fadiga real inibe a vontade e conduz a um estado de preguiça. Do mesmo modo, a preguiça, que acarreta falta de condicionamento físico e intelectual, conduz à fatigabilidade excessiva e à incapacidade real de fazer determinados esforços.

Esse processo termina por produzir um círculo vicioso muitas vezes difícil de romper. A ambigüidade entre fadiga e preguiça é um problema real quando se precisa avaliar ou quantificar a fadiga. Nem mesmo os médicos conseguem determinar com exatidão o que é fadiga e o que é preguiça.

Com freqüência, quando não se consegue utilizar nenhum meio para quantificar a fadiga e nenhum sintoma de doenças possíveis levam a um diagnóstico preciso, a fadiga tende a ser qualificada por preguiça, neurastenia (antiga denominação da fadiga psíquica) ou hipocondria.

Embora seja um dos sintomas mais freqüentes na medicina, a fadiga nem sempre tem explicação lógica. Costuma ainda ser negligenciada e receber nomes pejorativos, o que faz os pacientes se sentirem incompreendidos.

FUNÇÃO DA FADIGA

A fadiga física que limita os movimentos do corpo tem um motivo, ou seja, um papel fisiológico de proteção do organismo, já que impede as pessoas de ultrapassar os próprios limites e prejudicar músculos, ossos e tendões.

Para além do limiar do esforço muscular, persistir em uma atividade física pode provocar ruptura dos tendões, distensão muscular ou até fraturas.

Ao se manifestar acompanhada de câimbras, a fadiga é um sinal fisiológico de perigo. Basta compará-la, por exemplo, com outra sensação de alerta, a dor da queimadura, um sinal doloroso de que é preciso urgentemente interromper o contato da pele com superfícies quentes.

Um indivíduo saudável que procura melhorar seu condicionamento físico de modo contínuo consegue aumentar suas capacidades musculares (potência e resistência), a resistência de seus tendões e a solidez dos ossos. O condicionamento físico eleva progressivamente o limiar dos acidentes (esforçar-se mais sem acidentar-se) e o limiar da sensação de fadiga.

Com condicionamento adequado, é possível realizar, sem sinais de cansaço, certa quantidade de esforços físicos que causaria fadiga excessiva a uma pessoa sem preparo físico. Existe, portanto, um sistema de regulação e de equilíbrio entre a sensação de fadiga e as capacidades físicas.

Mecanismos da fadiga

Vários mecanismos intervêm na sensação de fadiga e explicam os sintomas que a caracterizam. Esses sinais, periféricos ou centrais (ver pág. 17), convergem para um centro "virtual" de controle da fadiga e que é responsável pela sensação de prostração.

FADIGA FÍSICA

Os músculos são "motores" capazes de produzir energia mecânica. Como todo motor, eles precisam ser alimentados de energia, para transformá-la em movimento.

Fontes de energia muscular

- **Adenosina trifosfato (ATP).** É o combustível elementar do músculo: essa substância química produz uma fonte de energia que é diretamente consumida pelas células musculares. Todas as fontes energéticas contribuem para a reconstituição permanente da ATP.
- **Creatina fosfato (CP).** Durante esforço intenso, o músculo consome rapidamente uma primeira reserva de energia, que é estocada nas células musculares sob a forma de creatina fosfato.

Durante a atividade muscular, uma reação química reconstitui a adenosina trifosfato a partir da creatina fosfato. Essas reservas de ATP e CP, porém, se esgotam rapidamente (entre 10 e 20 segundos, de acordo com o nível de condicionamento físico).

• **Glicose.** Em um segundo momento, o músculo produz ATP queimando açúcar, a glicose.

Transportada pelo sangue, a glicose pode ser quebrada (ou glicolisada) na presença do oxigênio **(glicólise aeróbia)** ou sem oxigênio **(glicose anaeróbia)**. Neste último caso, o rendimento energético do processo é inferior. A glicólise anaeróbia ocorre quando o débito de sangue no músculo contraído pelo esforço é insuficiente para levar oxigênio em quantidade adequada às células musculares.

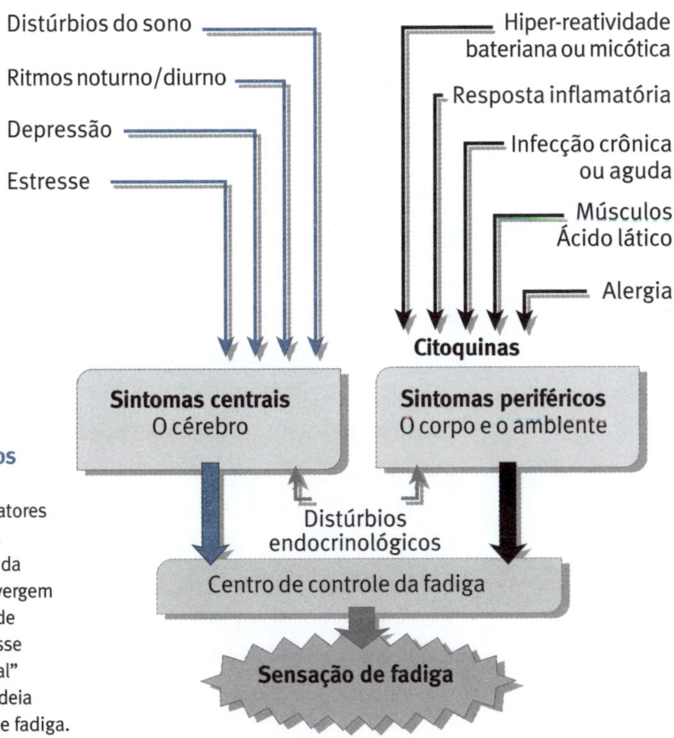

Mecanismos da fadiga
Numerosos fatores intervêm nos mecanismos da fadiga e convergem a um centro de controle. É esse centro "virtual" que desencadeia a sensação de fadiga.

A produção maciça de ácido lático está relacionada à ocorrência de câimbras musculares.

Quando o débito sangüíneo não é suficiente, o músculo se asfixia e produz uma substância tóxica, o **ácido lático**, cuja presença é sinal de esgotamento. Como o ácido lático é solúvel no sangue, ele se espalha por todo o organismo. Captado pelos centros nervosos de controle da respiração, esse sinal induz a um aumento da ventilação pulmonar para ampliar a captura de oxigênio nos pulmões. Ele também informa ao cérebro a existência de um trabalho muscular anaeróbio, que é "analisado" como sinal de fadiga.

- **Glicogênio**. A principal fonte de energia muscular está estocada no próprio músculo, sob a forma de glicogênio. No momento do esforço, o glicogênio é quebrado em glicose e depois em ATP. A mobilização dessa forma de energia é mais lenta, mas permite prolongar o esforço físico.

Falta de glicose

A fadiga física ocorre quando o músculo não possui mais combustível disponível, principalmente glicose sangüínea e glicogênio muscular. É a fraqueza típica do final da manhã, antes do almoço, quando há baixa da glicemia (a taxa de glicose no sangue).

Essa hipoglicemia (falta de glicose no sangue) é acompanhada por uma sensação de fadiga e outros sintomas (palidez, suores frios). Aportes de energia de absorção rápida (açúcar, chocolate, barra de cereais) se fazem necessários. Os atletas conhecem bem a sensação de pernas bambas que sentem durante esforço prolongado. Sabem também que a ingestão de alimentos (ou suplementos alimentares) ricos em açúcares permite continuar o esforço, para assim recolocar a "máquina em marcha".

A recuperação depois de um esforço

Atletas aprendem a conhecer os limites do corpo. O condicionamento físico eleva o limiar da fadiga, permitindo um aumento das capacidades físicas.

Essa é a mesma sensação que um diabético sente em períodos de hipoglicemia. Nesse caso, o mal-estar resulta da inadequação entre o tratamento com insulina ou sulfamidas (que fazem a glicemia baixar) e a alimentação insuficiente em glicídios. No limite, a hipoglicemia pode causar perda de consciência e ser muito grave quando ocorre em situações de risco (condução de veículos, por exemplo).

A sensação de fadiga em caso de hipoglicemia, manifestada por um indivíduo não-diabético, revela a necessidade de limitar o esforço muscular, que é um grande consumidor de glicose.

OXIGÊNIO

Além de combustível (glicose ou ácidos graxos), o esforço muscular necessita de um comburente, isto é, um elemento que, pela combinação com outro, estimule a combustão deste último.
No caso da energia muscular, esse comburente é o oxigênio, que é levado pelos pulmões para a circulação sangüínea. Sem oxigênio, o músculo não consegue trabalhar mais do que alguns poucos segundos sem produzir toxinas.
O aporte de oxigênio ao músculo também é limitante para o esforço muscular, pois o débito de oxigênio no músculo determina o nível máximo de esforço sustentado.

Falta de oxigênio

Sensações de fadiga ou de dor também surgem quando o aporte de oxigênio é insuficiente, devido a funções respiratória ou circulatória insatisfatórias.

Em altitudes altas, quando o oxigênio é mais raro, a sensação de fadiga se manifesta durante esforços leves e, às vezes, até mesmo durante repouso.

Pessoas que sofrem de inflamação das artérias das pernas (arterite dos membros inferiores) podem apresentar dor e claudicação sistemática depois de percorrer certa distância (150 ou 300 metros, por exemplo), o que as obriga a parar um pouco antes de recomeçar a andar. Essa dor tem a ver com a falta de vascularização e, portanto, de oxigenação dos músculos necessários para andar.

Ao desenvolver a massa muscular e a rede de artérias (vascularização dos músculos), o condicionamento físico progressivo aumenta a capacidade de trabalho muscular, prevenindo dores ou fadiga. Os músculos de pessoas condicionadas possuem maior quantidade de glicogênio e vascularização mais eficiente. O condicionamento melhora também a capacidade da dupla coração/pulmão em fornecer grandes quantidades de sangue bem oxigenado a todo o organismo: a captura de oxigênio pelos pulmões é melhor, assim como o transporte desse oxigênio pelo sangue graças às contrações cardíacas mais poderosas e rápidas.

Tudo isso permite que os músculos trabalhem de modo aeróbio sem produzir ácido lático. É por isso que o condicionamento físico reduz a fadiga e a dor, permitindo realizar esforços maiores e não-limitados por sinais de perigo. É, portanto, uma das melhores maneiras de combater a fadiga crônica.

Recuperação muscular

O esforço muscular consome os estoques de energia e causa a produção de substâncias que provocam dores e fadiga. A recuperação é o tempo que o organismo leva para eliminar as toxinas produzidas e recolocar o músculo no estado em que estava antes do esforço.

Isso implica a reconstituição dos estoques de glicogênio a partir da glicose sangüínea, taxa que depende da alimentação. Além da glicose, o organismo necessita de outros elementos, também obtidos pela alimentação, para constituir seu estoque de energia: lipídios, vitaminas, aminoácidos, minerais e oligoelementos (magnésio, cálcio e cobre).

BENEFÍCIOS DA ATIVIDADE FÍSICA

Durante a fase de recuperação, o corpo age para aumentar a capacidade muscular.
O condicionamento físico induz à produção de substâncias como hormônios do crescimento sobre a massa muscular e a vascularização do músculo.
Aumentar a capacidade muscular permite empreender esforços físicos superiores aos que foram possíveis anteriormente.
O resultado é uma espiral que leva a desempenhos melhores, sem risco para a saúde e sem sensação de fadiga intensa demais. Já a ausência de exercício físico conduz à diminuição da massa muscular. Uma imobilização de três dias, devido uma fratura na perna, por exemplo, equivale a uma perda de três meses de condicionamento físico.
Quanto mais a massa muscular diminuir, mais os esforços se tornam difíceis de serem realizados. Isso se traduz por sensação de fadiga ou dores sentidas por causa de esforços mínimos, já que o limiar de capacidade física do indivíduo está reduzido. É essencial, portanto, praticar atividades físicas de forma regular, se possível progressivamente, para manter e aumentar a capacidade física. Por outro lado, é preciso ter consciência de que todo aumento abrupto de atividade muscular sem condicionamento progressivo causa sensação de fadiga.

Enquanto o organismo não se recuperar, sente dificuldades em se esforçar. Acidentes esportivos geralmente ocorrem quando os esforços são retomados antes que a fase de recuperação tenha sido completada.

FADIGA PSÍQUICA OU NERVOSA

Depois de atividades intelectuais intensas ou prolongadas, é comum sentir sensação de fadiga nervosa ou psíquica, que normalmente desaparece depois de repouso reparador. Quando a fadiga continua, apesar do repouso, os médicos a diagnosticam como neurastenia.

Desequilíbrios

A fadiga psíquica é provocada por diversos desequilíbrios. A falta de provimento de glicose aos neurônios explica a dificuldade de concentração, de reflexão e de tomada de decisões. É o que acontece durante a hipoglicemia: a pessoa sabe que precisa ingerir alimentos ricos em açúcar, mas não toma nenhuma iniciativa.

Situação de estresse ou um estado depressivo também provoca sensações de fadiga, mas não por motivos orgânicos. Alguns estudos relacionam esse tipo de fadiga a anomalias hormonais (de cortisol, principalmente) e aos neuromediadores que circulam no cérebro, entre os quais a noradrenalina ou a serotonina, mas também o triptofano, um aminoácido.

Os mecanismos da fadiga psíquica são mais difíceis de perceber e compreender do que aqueles da fadiga física, pois são múltiplos e nem sempre fáceis de explicar.

O estresse provoca aumento do triptofano e hiperprodução de serotonina, responsáveis por distúrbios do humor, apetite e sono.

Falha de conexão

Durante aprendizagem, leitura, trabalho intelectual etc., estabelecem-se conexões entre as células nervosas (neurônios) do sistema nervoso central. Essas conexões entre neurônios ocorrem em uma zona de junção, a sinapse, e graças a substâncias químicas chamadas neurotransmissores.

A comunicação entre os neurônios implica a liberação de neurotransmissores por um neurônio emissor e seu conseqüente acolhimento por um neurônio receptor. Essa conexão física permanente só se torna funcional se a estimulação do neurônio emissor desencadear a liberação de neurotransmissores para o neurônio receptor.

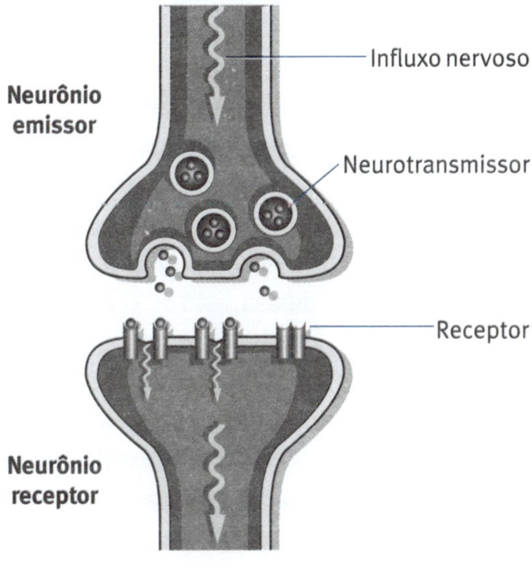

Conexão sináptica
A transmissão da mensagem nervosa de um neurônio a outro é assegurada por uma sinapse, que funciona graças a agentes químicos especializados: os neurotransmissores.

A fadiga nervosa é causada por uma falha na "recarga" do neurônio emissor ou de uma saturação do neurônio receptor. Na realidade, depois da liberação de um neuromediador, é preciso algum tempo (alguns milésimos de segundo) para que o neurônio receptor fique novamente sensível à estimulação.

Novas conexões

Novas conexões são criadas permanentemente entre os neurônios cerebrais, sobretudo como suporte da memória. A interrupção de um trabalho intelectual é necessária para que novas conexões ocorram. Na realidade, a criação e o reforço dessas conexões acontecem durante o sono, especialmente na fase do sono paradoxal, daí a importância dessa fase do sono para uma boa memorização.

FADIGA DURANTE DOENÇA INFECCIOSA

Durante uma infecção aguda, uma gripe, por exemplo, a sensação de fadiga faz com que o consumo de energia pelos músculos diminua. É por isso que os pacientes tendem a se movimentar menos nesses períodos. As reservas de energia do organismo se dedicam prioritariamente à ativação do sistema de defesa, isto é, o sistema imunológico, que se encarrega de eliminar o agente infeccioso.

A sensação de fadiga experimentada durante uma infecção está relacionada com a produção, pelas células especializadas, de substâncias chamadas citoquinas, as quais transmitem mensagens de uma célula a outra.

As substâncias liberadas sobre o local da infecção ou da inflamação circulam por determinadas vias sangüíneas do organismo. No cérebro, são responsáveis pela febre e pela sensação de fadiga que geralmente acompanha as infecções e as reações inflamatórias. Elas são produzidas na fase aguda da doença e desaparecem naturalmente com a cura.

As principais citoquinas são os interferons (alfa, beta e gama), as interleuquinas e os fatores de necrose tumoral (TNF). Elas desempenham papel essencial no controle da infecção, pois estimulam ou modulam as células do sistema imunológico.

A origem da inflamação pode ser localizada, como no caso da apendicite ou de abscesso dental; ou generalizada, em uma infecção viral. Nos dois casos, as citoquinas fornecem sinais ao sistema nervoso central a fim de informar sobre a agressão sofrida pelo organismo. Esses sinais são responsáveis pelas manifestações clínicas (fadiga, sonolência, febre etc.) que favorecem os mecanismos de cura da inflamação ou da infecção.

Controle da fadiga e recuperação

CENTRO DE CONTROLE DA FADIGA

Existe um centro nervoso de controle da fadiga. Esse centro regulador é "virtual", como outros centros nervosos, entre eles o sistema da memória, por exemplo. Ele controla o limiar de desencadeamento da sensação de fadiga, que varia de pessoa para pessoa, provavelmente devido a fatores genéticos.

Numerosos fatores centrais como estresse, depressão, sono ou a ação de determinados neuromediadores modulam o limiar pessoal da fatigabilidade, abaixando ou elevando-o.

Fatores alimentares e metabólicos, como a taxa de cálcio ou de magnésio, também são importantes para regular o limiar da fatigabilidade. Diferentes sinais periféricos solúveis (que circulam no sangue), como o ácido lático, a glicemia ou as citoquinas de inflamação, informam o centro nervoso sobre o estado físico do organismo e sua capacidade (ou falta de capacidade) para realizar esforços musculares ou intelectuais.

Quando os sinais periféricos ultrapassam o limiar da fatigabilidade, a sensação de fadiga aparece, obrigando o indivíduo a limitar sua atividade física ou intelectual.

RECUPERAÇÃO CENTRAL

Aos mecanismos de fadiga, o organismo contrapõe outros mecanismos que permitem, depois de um período de recuperação, retornar ao estado inicial de repouso.

Depois de algumas horas ou dias, de acordo com cada pessoa, a sensação de fadiga diminui e desaparece. É quando se está pronto novamente para realizar esforços muscular e intelectual.

O sono é indispensável para uma boa recuperação. Quando é reduzido em duração ou é de má qualidade (ronco, apnéia, barulho ambiente), a informação de uma recuperação insuficiente chega ao cérebro, o que faz a fadiga persistir.

Recuperação muscular

Repousar faz o organismo eliminar sustâncias tóxicas, como o ácido lático e os radicais livres, proporcionando renovação dos estoques de energia locais sobre a forma de glicogênio. A recuperação muscular ocorre principalmente durante as fases de sono profundo, que predominam nos primeiros ciclos do sono (ver pág. 28). Durante essas fases, os músculos relaxam, o que favorece a sua recuperação.

Recuperação cerebral

Os mecanismos biológicos envolvidos na recuperação do sistema nervoso ainda não são conhecidos de modo preciso, mas sabe-se que repouso e sono permitem aos neurônios reconstituir os estoques de neuromediadores necessários para sua atividade.

Falhas na reconstituição dos estoques de neuromediadores conduzem a uma sensação de fadiga pela diminuição do limiar da fatigabilidade, explicando em parte a fadiga associada aos distúrbios do sono. Essa restauração se produz, sobretudo, durante a fase de sono profundo que ocorre no início de cada ciclo do sono (fases 3 e 4), especialmente no começo da noite.

Deitar-se tarde demais diminui a qualidade do sono profundo e, conseqüentemente, a recuperação da fadiga intelectual.

Durante a fase do sonho que predomina no final da noite (sono paradoxal), há forte consumo de energia. Os movimentos dos membros e dos globos oculares, assim como episódios de taquicardia ou excitação sexual que caracterizam essa fase, são responsáveis pela sensação de fadiga física ao despertar.

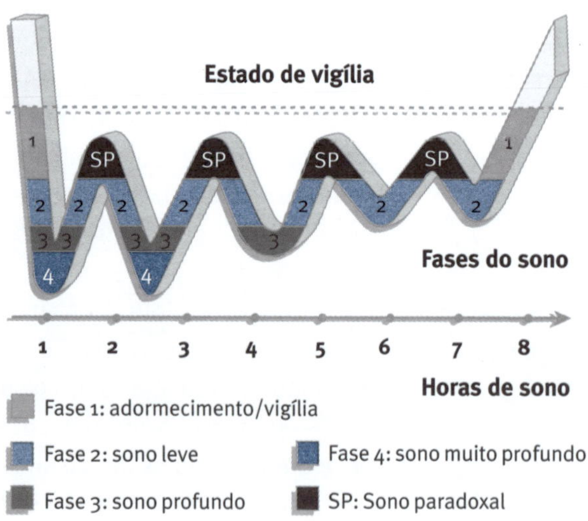

Ciclos do sono
O sono é reparador. Essa recuperação ocorre, sobretudo, durante a fase de sono profundo, especialmente no início da noite.

Equilíbrio

Para o organismo funcionar adequadamente, é preciso haver equilíbrio entre as capacidades físicas e intelectuais, as atividades e sua recuperação, para que a consequente sensação de fadiga previna eventuais acidentes, principalmente se o indivíduo ultrapassar seus próprios limites.

Dopar-se é uma iniciativa a que muitos atletas recorrem porque faz suprimir ou retardar a percepção da fadiga. Justamente por essa razão, porém, traz graves riscos para a saúde: a falta de percepção da fadiga leva a pessoa "dopada" a não parar a tempo, ultrapassando em muito o próprio limiar da fadiga, o que a faz colocar sua saúde e vida em risco.

2

O que é a síndrome da fadiga crônica

- Identificação da síndrome
- Critérios principais
- Critérios secundários
- Sintomas associados
- Outras causas da fadiga

Identificação da síndrome

A fadiga é uma sensação comum, conhecida por todos, mas que, às vezes, pode persistir para além do tempo de recuperação normal, tornando-se crônica e alterando profundamente a vida do paciente. Quando dura mais de seis meses, fala-se em fadiga persistente ou síndrome da fadiga crônica.

DEFINIÇÃO DA SÍNDROME DA FADIGA CRÔNICA

A síndrome foi assim definida durante duas conferências científicas internacionais realizadas em 1988 e 1994. A existência de vários casos de fadiga intensa persistente em pacientes não-depressivos foi, porém, revelada em Londres, em 1955, e na região do lago Tahoe, nos Estados Unidos, na década de 1980.

Médicos e pesquisadores já haviam definido e caracterizado a síndrome (o conjunto de seus sintomas) sem, no entanto, encontrar explicação para ela. Mais do que uma simples fadiga persistente, trata-se, na maioria dos casos, de um esgotamento intenso.

Segundo os autores e as características das populações estudadas, a síndrome recebeu vários nomes: síndrome dos *yuppies* (termo em inglês que designa jovens executivos bem-sucedidos, competitivos e que gastam seu dinheiro em consumo de luxo), síndrome da fadiga pós-infecciosa, encefalopatia miálgica etc.

Na verdade, a doença foi descoberta há muito tempo. Características da doença são encontradas na descrição que George Bear (em 1896) e Jean Martin Charcot (no final do século XIX) fazem da neurastenia. Mas é possível recuar ainda mais no tempo: entre os anos de 1580 e 1595, quando uma grande epidemia do que hoje é chamada de síndrome da fadiga crônica pós-infecciosa foi observada na região de Barcelona, na Espanha, após epidemia de peste.

Sabe-se que o médico catalão Juan Carlos Amat, que tratava seus pacientes com música e canto, escreveu sobre os efeitos desse método, aplicado usando uma guitarra de cinco cordas e que ficou famoso no mundo musical.

O QUE É UMA SÍNDROME

Síndrome é um conjunto de sintomas e/ou sinais observados em vários estados patológicos diferentes, sem causas específicas. A ausência de causa específica, em teoria, é o que diferencia a síndrome da doença. A síndrome da fadiga crônica engloba diversos sintomas mais ou menos constantes e tem muitas causas distintas.

FRONTEIRAS INDEFINIDAS

A ausência de sintomas objetivos e o desconhecimento dos mecanismos fisiológicos da fadiga crônica muitas vezes levam os médicos a diagnosticarem-na como um quadro depressivo ou de doença mental. É provável que esse engano ocorra até hoje.

Em outros casos, devido à predominância de determinados sintomas dolorosos e ao fato de os tratamentos serem propostos por especialistas que analisam o paciente à luz de suas próprias especialidades, a fadiga crônica é diagnosticada como fibromialgia (dor difusa sentida pelo corpo todo) ou síndrome do cólon irritável (distúrbio de funcionamento do cólon, de origem desconhecida e sem lesão orgânica). Estas doenças, que têm fronteiras indefinidas, apresentam vários pontos em comum com a síndrome da fadiga crônica.

CRITÉRIOS PARA DIAGNÓSTICO

Quando um paciente apresenta estado de fadiga intensa e persistente, o médico deve primeiro afastar a possibilidade de que este seja causado por outra doença. Na ausência de causas perceptíveis, ele então investiga se se trata de fadiga crônica.

Para definir o diagnóstico, o médico dispõe de uma descrição da doença elaborada sobre critérios principais (ver págs. 34-39) e critérios secundários (ver págs. 40-44). Essa lista de critérios permite delimitar e diferenciar a síndrome de outras formas de fadiga crônica (fibromialgia, depressão ou síndrome do cólon irritável).

O quadro de síndrome da fadiga crônica se define quando o paciente apresenta dois critérios principais e quatro critérios secundários. Freqüentemente associados a esses critérios estão ainda diversos sintomas, como distúrbios do sono e de dores musculares, entre outros (ver págs. 45-49), embora estes últimos não sejam suficientes para definir a síndrome da fadiga crônica.

Critérios principais

Os dois principais critérios para diagnosticar a síndrome da fadiga crônica são a fadiga persistente e a ausência de doenças que estejam na origem da fadiga. Para estabelecer o diagnóstico, esses dois critérios devem estar presentes e associados com pelo menos quatro características secundárias (ver págs. 40-44).

FADIGA PERSISTENTE

O médico não diagnostica um quadro de fadiga crônica antes de o paciente apresentar, e por mais de seis meses, sintomas de fadiga incapacitante. Tratase de um estado de esgotamento.

Grau de invalidez

Quando a doença foi definida pela primeira fez, em 1988, a fadiga persistente com duração de mais de seis meses deveria diminuir as atividades do paciente em mais de 50%: só assim é que a síndrome da fadiga crônica era diagnosticada.

Na conferência de 1994, a noção de fadiga incapacitante persistente por mais de seis meses permaneceu mantida, mas não foi mais exigido que a invalidez decorrente fosse necessariamente superior a 50%. Na verdade, alguns pacientes, embora sempre cansados, continuavam suas atividades profissional e esportiva.

Apesar de fatigados, observou-se que a maioria dos pacientes desejava ter atividades e vida normais, o que os diferenciava das pessoas deprimidas que haviam perdido toda motivação. Com força de vontade, alguns chegavam a manter atividades profissionais, sociais etc. quase normais – às vezes superior a de outras pessoas.

O dinamismo desses pacientes se revelou e ainda se revela significativo, a ponto de os médicos chegarem a ter dificuldades em acreditar que eles realmente sofram de fadiga permanente. Isso acontece porque a percepção da fadiga é individual e se relaciona sempre ao grau de atividade que o paciente tinha antes da sensação de cansaço.

A fadiga crônica se define como uma ruptura prolongada do equilíbrio existente entre as capacidades físicas ou intelectuais e a necessidade de atividade.

A VIDA CONTINUA

Várias pessoas com síndrome da fadiga crônica levam vida normal, ou quase. Basta, para isso, adaptar-se aos limites físicos impostos pela doença.
Há casos como o de um paciente que sofria de fadiga durante os estudos, mas conseguiu terminá-los e estruturar uma bem-sucedida carreira liberal. Outro, que era maratonista, continua a trabalhar e correr regularmente, embora de modo menos intenso.
Há ainda o caso de um grande esportista que interrompeu sua carreira internacional devido à fadiga persistente, mas retomou o treinamento depois de algum tempo – embora sem conseguir alcançar o mesmo desempenho de antes.

Instalação da fadiga

A fadiga varia de acordo com os indivíduos: alguns pacientes são capazes de mencionar de modo preciso o dia, às vezes, até a hora em que a fadiga se manifestou pela primeira vez, enquanto outros não percebem a fadiga se instalar progressivamente.

Do mesmo modo, entre as pessoas que se queixam de fadiga persistente, são bem variáveis as circunstâncias de surgimento da doença. Pode ocorrer de ter sido desencadeada por infecção (gripe, rinofaringite, mononucleose infecciosa, angina, sinusites recorrentes), vacinação no mês anterior, picadura de inseto, alergia etc.

Essa diversidade exprime a dificuldade em determinar a causa inicial. Porém, é importante tentar descobrir o episódio que serviu como evento desencadeador da fadiga.

A fadiga pode persistir muito tempo depois da doença. Nesse caso, não está diretamente relacionada a ela, pois o paciente já se curou, mas o evento desencadeador perturbou de tal forma o equilíbrio entre esforço/recuperação, que o desequilíbrio ainda persiste e se faz acompanhar de vários sintomas (fadiga, dores etc.).

Intensidade da fadiga

O grau de importância da sensação de fadiga também é subjetivo. Para alguns, trata-se de um esgotamento total, em que dificuldades impedem a pessoa de realizar os gestos mais simples da vida cotidiana, como escovar os dentes, tomar banho ou se vestir.

Para outros, a síndrome se traduz por um incômodo permanente, que faz com que o paciente jamais consiga dar o máximo de si.

Alguns exemplos permitem compreender melhor o que sentem as pessoas que sofrem de síndrome da fadiga crônica. Para exprimir seu estado, um paciente utilizou a imagem de alguém que guia o carro com o pé no acelerador e a mão no freio. Outro diz que se sentia capaz, sobretudo nos primeiros anos, de correr 100 metros em caso de necessidade, embora soubesse que levaria três ou quatro dias para se recuperar.

Para algumas pessoas, a vida se resume a trabalhar e dormir, enquanto para outros, mais raros, é possível levar uma vida quase normal.

O médico deve se esforçar para quantificar a capacidade de seu paciente, com a ajuda de um questionário que explora diferentes atividades físicas e intelectuais. Meses depois, deve refazer o questionário para avaliar se o estado de fadiga do paciente melhorou ou piorou.

AUSÊNCIA DE DOENÇA CONHECIDA

Este é o segundo critério principal para diagnosticar a síndrome da fadiga crônica. A fadiga pode ser causada por doenças conhecidas ou perceptíveis, como distúrbios das glândulas endócrinas, câncer, doença auto-imune, doenças neurológicas (como a esclerose múltipla) ou distúrbios psiquiátricos (como depressão).

Trata-se, na verdade, mais de um critério de exclusão, o que significa que o médico deve descartar qualquer possibilidade de doença orgânica para poder estabelecer o diagnóstico de síndrome da fadiga crônica. Essa é, porém, uma fase delicada do diagnóstico.

Avaliação criteriosa

Para refutar com segurança a possibilidade de a causa estar em uma doença orgânica, o médico, clínico-geral ou especialista, deve proceder a uma avaliação criteriosa (ver págs. 84-86) antes de considerar as manifestações funcionais (sem lesões orgânicas perceptíveis).

Essa fase do diagnóstico causa muita angústia no paciente, que em geral sente que alguma coisa não está bem, embora os médicos não consigam determinar o motivo. Ele teme estar com uma doença rara, desconhecida, cuja cura ainda não tenha sido descoberta.

O médico, por sua vez, teme esboçar um diagnóstico, sem conseguir ser preciso. Na realidade, nenhum médico pode achar que esgotou todas as possibilidades, pois, com o avanço da ciência e da medicina, novas doenças são descritas e pacientes até então "não-rotulados" podem "fundar" novas categorias.

O médico deve ter bom senso. Deve saber interrogar, examinar o paciente, e solicitar vários exames biológicos (exames de sangue, urina etc.) e de imagem (radiografia, ecografia etc.), de acordo com os exames clínicos. A avaliação deve ser simples e limitada. Excessos de exames geralmente são difíceis de serem interpretados, pois, estatisticamente, sempre há um que oferece resultados duvidosos. Nesse caso, é preciso refazê-lo, o que pode causar ainda mais angústia no paciente. É preferível, exceto em casos especiais, fazer uma avaliação simples que elimine as principais causas orgânicas da fadiga.

Eliminar patologias neuropsiquiátricas nem sempre é fácil para o médico não-especialista. O estado depressivo pode ser avaliado por meio de interrogatório simples e questionário específico (Questionário de Beck), que permitem detectar uma depressão disfarçada.

A existência de síndrome depressiva, anterior ou decorrente do estado de fadiga, deve ser considerada no momento de se tratar o paciente.

DOENÇA ORGÂNICA, FUNCIONAL OU NEUROPSIQUIÁTRICA

Doença orgânica se define como um conjunto de sintomas e distúrbios relacionados a modificação das células, tecidos ou órgãos, sob efeito de um mecanismo interno (auto-imunidade, cancerização, destruição, desgaste, defeito de oxigenação etc.) ou externo (infecção, traumatismo etc.).
Doença funcional é o conjunto de sintomas que revela desequilíbrios no funcionamento de tecidos ou órgãos, mas sem lesão orgânica perceptível ou quantificável.
As dores intestinais ou as cefaléias de tensão (ver pág. 43) geralmente são problemas funcionais.
Doenças neuropsiquiátricas afetam o funcionamento do pensamento, do humor e das funções mentais superiores, assim como o fazem as doenças neurológicas puras (tumores, esclerose múltipla ou nefrite, por exemplo). Estas podem ser de natureza orgânica (doença de Alzheimer), genética (várias formas de déficit mental) ou ter origem incerta (formas de psicose e depressão) ou funcional (fobias, hipocondria etc.).

Critérios secundários

Oito sintomas considerados secundários estão presentes na síndrome da fadiga crônica. Para estabelecer o diagnóstico, o médico deve identificar pelo menos quatro desses sintomas no paciente.

DISTÚRBIOS NEUROPSIQUIÁTRICOS

São problemas de concentração, percepção, humor ou memória. Alguns sintomas, presentes em graus diversos nos pacientes, manifestam-se como:

- problemas de concentração: a pessoa tem dificuldade em trabalhar, ler ou acompanhar uma conversa;
- problemas de percepção, especialmente de dificuldades da visão;
- mudanças de humor: a pessoa fica irritada e se enerva com facilidade. Quem percebe essas mudanças de humor, porém, são as pessoas a sua volta;
- distúrbios de memória, especialmente em relação à memória de curto prazo: a pessoa não se lembra mais do que fez na véspera ou leu há instantes. A memória de longo prazo é mais raramente afetada, como a dificuldade de se lembrar de fatos antigos ou do nome de conhecidos.

Dificuldades de memória e aprendizagem, chamadas de distúrbios cognitivos, aparecem progressivamente e são decorrentes da fadiga física.

Revelam fadiga nervosa e aumentam a inquietude do paciente, que tem consciência de que "não controla mais a situação como antes".

DORES INFLAMATÓRIAS DE GARGANTA

O paciente apresenta faringite ou anginas recorrentes, que agravam e prolongam a fadiga. Esse sintoma está presente na metade dos pacientes atingidos pela fadiga crônica.

As infecções às vezes são tratadas com antibióticos, que podem ter efeitos opostos sobre a fadiga: melhoram o estado de alguns pacientes, ou aumentam a fadiga em outros.

Essa reação aos antibióticos é essencial para o diagnóstico médico, pois permite compreender os mecanismos da fadiga no paciente. Em caso de melhora, o médico pode suspeitar que a causa é microbiana. Já em caso de piora, ele pode suspeitar de micose crônica, pois a destruição da flora normalmente presente na garganta favorece o desenvolvimento de fungos, como a *Candida albicans*.

GÂNGLIOS SENSÍVEIS

Sensibilidade dolorosa dos gânglios localizadas no pescoço ou axilas pode estar presente em um quadro de síndrome da fadiga crônica. Nesse caso, pode ser isolada ou associada a sintomas de faringite ou anginas.

DORES MUSCULARES

Essas dores são difusas (mialgia), mas também podem se localizar em regiões precisas (nos pontos de intersecção óssea dos tendões musculares) e aumentadas pela pressão. Nesse caso, o médico desconfia de fibromialgia. Os sintomas da fibromialgia são parecidos com os da síndrome da fadiga crônica. As dores musculares estão presentes desde a manhã, caso das dores articulares, são resistentes aos antálgicos (analgésicos) e se intensificam durante o dia, sobretudo depois de exercícios musculares.

Câimbras musculares noturnas ou diurnas nos pontos de intersecção óssea dos tendões musculares também ocorrem.

É importante pesquisar os fatores que diminuem ou, ao contrário, aumentam essas dores, para tentar limitar sua intensidade.

Calor, frio, infecção banal, ingestão de antibióticos ou variações do ciclo menstrual da mulher influenciam a sensação de dor.

ARTRALGIAS MIGRATÓRIAS

São dores nas articulações que atingem principalmente joelhos, quadris e coluna lombar, mas podem atingir outras articulações, como as dos dedos, e ainda migrar de uma articulação para outra.

Estima-se que dois terços dos pacientes atingidos pela síndrome da fadiga crônica sofram dessas dores.

Elas estão presentes de manhã e se assemelham ao início da poliartrite crônica (doença reumática predominante em mulheres), só que, nesse caso, ocorrem outros sintomas clínicos e biológicos que os médicos podem identificar rapidamente.

DORES DE CABEÇA INCOMUNS

Pessoas que já apresentavam dores de cabeça de repente passam a sofrer de crises de enxaqueca ou de dores frontais ou occipitais (na parte de trás da cabeça), dores que não sentiam antes. Trata-se de cefaléias de tensão ou, às vezes, de enxaqueca.

SONO NÃO-REPARADOR

Ocorre quando o paciente levanta de manhã com a mesma sensação de cansaço que sentia antes de se deitar. Outros distúrbios do sono (ver págs. 47-48) também estão associados à síndrome da fadiga crônica.

Registros profissionais de sono (realizados em centros de estudos do sono) efetuados em pacientes que sofrem de síndrome da fadiga crônica mostram ausência quase total das fases de sono profundo, assim como numerosos microperíodos de vigília noturna.

RECUPERAÇÃO LENTA

Depois de o paciente realizar exercícios, mesmo que leves, a fadiga chega a durar mais de 24 horas, mostrando-se desproporcional em relação ao esforço empreendido.

Nesse caso, os pacientes dizem que são capazes de fazer esforços, mas serão necessários vários dias para se recuperarem.

Essa fadiga prolongada tem efeitos perversos, pois, mais do que o cansaço imediato, ela leva o sujeito a limitar progressivamente suas atividades físicas a fim de se tratar. Disso decorre perda progressiva de condicionamento, diminuição da massa muscular e dificuldade ainda maior de recuperar a função muscular normal.

Essa limitação voluntária das atividades físicas aumenta a falta de condicionamento, diminuindo volumes musculares, o que pode levar a atrofias, que dificultam ainda mais os exercícios e o recondicionamento físico.

Entre as conseqüências da doença está a incapacitação, como a que atingiu determinado paciente que, no início, podia correr, mas, aos poucos, teve que passar a usar cadeira de rodas para não se cansar tanto e conseguir trabalhar.

Sintomas associados

São os sintomas que surgem associados à síndrome da fadiga crônica, embora não sejam determinantes para o diagnóstico da doença.

REDUÇÃO DA ATIVIDADE FÍSICA EM MAIS DE 50%

Este era um dos critérios da primeira definição da síndrome, mas que não foi retomado na revisão da doença em 1994. Vários pacientes, porém, apresentam redução significativa das atividades físicas em relação às suas capacidades anteriores ao surgimento da doença.

Conseqüências profissionais

A diminuição do potencial de atividade do paciente se manifesta por meio de faltas e interrupções recorrentes do trabalho; às vezes, até por invalidez.

Pode acontecer de a doença não ser reconhecida pela equipe de médicos da Previdência Social, o que pode deixar o paciente em sérias dificuldades financeiras.

Conseqüências sociais

Relacionamentos pessoais e lazer são em geral as primeiras áreas afetadas pelas conseqüências da doença. Isso acontece porque o paciente passa a ocupar seu tempo livre para descansar, e muitos não têm coragem nem vontade de sair, ir ao cinema, por exemplo, ou visitar amigos.

A vida social das pessoas atingidas pela fadiga crônica fica limitada ao mínimo, o que gera incompreensões por parte do parceiro ou da família, podendo culminar com a separação conjugal.

PRESENÇA OU SENSAÇÃO DE FEBRÍCULA

Durante a consulta, vários pacientes se queixam de febre leve (febrícula) à noite. Na realidade, trata-se, na maioria das vezes, de uma impressão de febre e não de febre de verdade, pois, quando a temperatura é medida, raramente está anormal ou elevada. Essa impressão se relaciona a ondas de calor ou suores.

EPISÓDIOS INEXPLICÁVEIS DE FRAQUEZA MUSCULAR

Três de cada quatro pacientes com síndrome da fadiga crônica apresentam fraqueza muscular. Nos casos mais comuns, sentem necessidade de se sentar e interromper qualquer atividade em curso. Se não fizerem isso, eles têm a impressão de que vão desabar, o que às vezes acontece de verdade. Alguns chegam a sofrer fraturas graves depois de quedas inexplicáveis.

Por isso, logo no início, o médico deve verificar a possibilidade de ocorrência de hipotensão ortostática (diminuição da tensão arterial ao se levantar), fator responsável por doenças com características idênticas.

DISTÚRBIOS DO SONO

Problemas para adormecer ou despertares recorrentes (várias vezes durante a noite) são muito freqüentes: ocorrem em 99% dos pacientes com síndrome da fadiga crônica.

Círculo vicioso É difícil saber se os distúrbios do sono precedem ou ocorrem depois da instalação da fadiga.

Na realidade, vigílias noturnas estão relacionadas a dores musculares ou articulares. Estabelece-se então um círculo vicioso: as dores acordam o paciente no meio da noite e o impedem de dormir; o sono é perturbado, o que, adicionado à fadiga, provoca diminuição do limiar da sensação dolorosa e, portanto, vigílias ainda mais freqüentes e dolorosas.

Em outros casos, os distúrbios do sono são anteriores: eles precedem e provocam a fadiga.

QUALIDADE DO SONO

É importante dormir sempre no mesmo horário e no início do ciclo do sono, quando ocorrem os bocejos.
Ao desconsiderar esse início, a fase de adormecimento seguinte virá apenas 90 minutos ou duas horas mais tarde.
Esses são os primeiros ciclos, sobretudo quando ocorrem antes da meia-noite, por isso são mais reparadores. Em razão disso, se o adormecimento for ruim, podem ocorrer distúrbios do sono.
Ao anoitecer, é preciso evitar atividades que induzam à vigilância e à concentração, dois fatores que atrapalham o sono.
Abuso de bebidas estimulantes é desaconselhado para pessoas com problemas de sono.

Apnéias do sono

Apnéias são interrupções momentâneas da respiração durante o sono. São mais comuns em pessoas com excesso de peso e que roncam. Elas estão na origem da hipóxia (diminuição da oxigenação do sangue), que também causa fadiga intensa e desorganiza o sono, provocando sonolência diurna.

Para o médico, o questionário de sonolência de Epworth (Escala de Epworth) é de grande ajuda para diagnosticar distúrbios de sono com efeitos sobre o estado de vigilância diurno. Nesses casos precisos, é necessário se submeter a registros do sono em clínicas especializadas.

DISTÚRBIOS DIGESTIVOS

Também são freqüentes nos pacientes que sofrem de síndrome da fadiga crônica, pessoas que manifestam dores abdominais, gases, diarréias recorrentes ou constipação.

Se esses sintomas e exames do aparelho digestivo não comprovarem nenhuma lesão orgânica, os gastroenterologistas tendem a diagnosticar colopatia (doença do cólon) funcional ou síndrome do cólon irritável (ver pág. 52).

DISTÚRBIOS GINECOLÓGICOS

Mulheres com síndrome da fadiga crônica geralmente apresentam distúrbios ginecológicos, com corrimentos esbranquiçados, cujo exame revela a presença de fungos, como o *Candida albicans*. Trata-se de uma candidíase vaginal recorrente.

Às vezes, ocorrem sensações de secura vaginal e dor durante as relações sexuais.

As infecções urinárias também podem ser recorrentes, mas trata-se de um sintoma comum nas mulheres, por isso não é específico para diagnosticar a síndrome da fadiga crônica.

Muitas mulheres omitem sintomas corriqueiros como o corrimento vaginal, embora seja importante mencioná-lo ao médico, pois pode estar relacionado à hiper-reatividade à *Candida albicans* (ver págs. 65-68).

Alergias

Em cerca de metade dos pacientes, constata-se a existência de alergias, que podem ser conhecidas ou reveladas pela análise sangüínea, quando se descobre o aumento de anticorpos específicos da alergia, os IgE. Os pesquisadores, contudo, não conseguiram ainda explicar a relação direta entre alergia e fadiga.

Hiperestesia

Os pacientes com síndrome da fatiga crônica freqüentemente apresentam sensibilidade intensa (hiperestesia) a odores, luz, sons e ao toque.

Também podem desenvolver sensibilidade anormal a determinados produtos químicos, medicamentos, corantes ou conservantes alimentícios.

Outras causas da fadiga

DOENÇAS ORGÂNICAS

A fadiga crônica é antes de tudo um diagnóstico que se faz por eliminação. O médico precisa descartar todas as causas conhecidas de fadiga antes de considerar a ocorrência da síndrome da fadiga crônica.

Todas as doenças – infecciosas, inflamatórias, endocrinológicas, auto-imunes ou cancerosas – podem provocar fadiga. A fadiga é, juntamente com a dor, o sintoma mais freqüente. Não é especificidade de nenhuma doença, mas geralmente ocorre como sinal de alerta antes de outros sintomas.

O papel do médico é identificar a fadiga anormal e pesquisar a doença subjacente por meio da anamnese, de exames clínicos e complementares (laboratoriais ou de imagem).

Assim que as principais causas das doenças forem eliminadas, o médico deve tranqüilizar o paciente, dando um nome a seu problema: fadiga crônica. A seguir, ele lhe dá vários conselhos sobre qualidade de vida e alimentação (ver págs. 105-107) e determina acompanhamento regular, a ser feito a cada três meses e, posteriormente, a cada seis meses, para detectar novos sintomas clínicos e fazer nova avaliação.

DOENÇAS SEMELHANTES

Várias síndromes, sem causa conhecida, apresentam semelhanças em relação à síndrome da fadiga crônica. É o caso da fibromialgia e da síndrome do cólon irritável, doenças muito semelhantes e cujas fronteiras com a síndrome da fadiga crônica são indefinidas.

As diferenças essenciais entre essas síndromes estão no sintoma dominante de cada uma delas: fadiga, para a síndrome da fadiga crônica; dores tendinomusculares, para a fibromialgia; e distúrbios digestivos, para a síndrome do cólon irritável.

Fibromialgia

Nessa afecção, as dores musculares e tendinosas estão em primeiro plano. Persistem por mais de três meses em pontos precisos. Quando o médico desconfia que o paciente sofre de fibromialgia, ele procura detectar 11 pontos dolorosos entre os 18 pontos estabelecidos para a doença.

Ocorrem, nesse caso, a título de fatores associados, distúrbios do sono e fadiga persistente. Os distúrbios do sono na maioria das vezes causam despertares noturnos.

Ao questionar o paciente, o médico constata que a ingestão de antibióticos (prescritos para tratar an-

Pontos de fibromialgia
Nesta afecção muito próxima da síndrome da fadiga crônica, as dores musculares ou tendinosas estão em primeiro plano. São diagnosticadas quando o médico detecta 11 pontos dolorosos entre os 18 pontos estabelecidos para a doença.

gina, sinusite, bronquite, infecção urinária etc.) melhora temporariamente as dores fibromiálgicas. Porém, em outros casos, tratamentos semelhantes provocam aumento das dores.

Banhos quentes e sessões de sauna sempre aliviam as dores.

Síndrome do cólon irritável

Na síndrome do cólon irritável, também chamada de colopatia funcional, o paciente apresenta distúrbios digestivos pouco específicos: dores abdominais, meteorismo (acúmulo de gases), sensação de inchaço intestinal, constipação ou diarréia crônica.

Esses sinais estão geralmente associados à fadiga persistente, que recebe pouca atenção do paciente, já que ele está em geral mais preocupado com as dores abdominais e os distúrbios digestivos.

O diagnóstico da síndrome do cólon irritável é definido quando todas as explorações gastroenterológicas nada detectam.

3

Mecanismos da síndrome da fadiga crônica

- Causas endócrinas ou hormonais
- Fatores neuropsiquiátricos
- Causas infecciosas
- Causas alérgicas e vacínicas
- Reação anormal aos antígenos do ambiente

Causas endócrinas ou hormonais

Ainda não são bem conhecidos os mecanismos de ação dos hormônios sobre a fadiga, mas acredita-se que eles desempenhem papel essencial na regulação do limiar da fadiga. É por isso que, em algumas pessoas, déficits mínimos de um ou mais hormônios podem diminuir o limiar da sensação de fadiga.

ANOMALIAS DISCRETAS

Desequilíbrios no funcionamento da glândula tireóide ou das glândulas supra-renais são causas clássicas da fadiga de origem endocrinológica. A avaliação médica permite diagnosticá-la rapidamente, a fim de iniciar um tratamento.

Em certos pacientes, nenhuma desordem é evidenciada nos exames de laboratório, mas podem ocorrer, apesar das anomalias insignificantes, déficits de adaptação dos hormônios que são descobertos em exames mais complexos.

Pesquisadores ingleses demonstraram que pacientes com síndrome da fadiga crônica apresentam déficits tireóideos menores, enquanto a tireóide é normalmente estimulada pelo hormônio hipofisário TSH. Outros pesquisadores relataram anomalias discretas dos hormônios do eixo hipotálamo-hipófise-supra-renais, os quais regulam a produção de cortisona natural, o cortisol. Para os especialistas, esse déficit de cortisol não constitui, porém, critério suficiente para a síndrome da fadiga crônica.

Distúrbios do sono, problemas de humor como depressão, modificações dos ritmos diários (do ritmo nictemeral) também são responsáveis por anomalias que levam à alteração da secreção de cortisol. Neste caso, como em outros, é difícil saber se as anomalias endocrinológicas são anteriores – e em parte estão na origem da síndrome da fadiga crônica – ou decorrentes dos distúrbios associados à síndrome.

MECANISMO MULTIFATORIAL

Inúmeras causas foram levantadas para explicar a síndrome da fadiga crônica. Especialistas e pesquisas costumam privilegiar um ou outro fator como possível causa.
Na realidade, essa síndrome não tem origem única: suas causas são múltiplas e podem se somar em um mesmo paciente.
O fator inicial desencadeante (uma infecção, por exemplo) pode até ser curado e não ser a causa direta da fadiga persistente. Entretanto, ele pode abalar significativamente o equilíbrio atividade/recuperação, tornando-se capaz de modificar a regulação do limiar da fadiga. Essas modificações se fazem acompanhar de reações em cascata e de círculos viciosos que desencadeiam a fadiga e a tornam crônica.
Considerar que existem fatores tão diferentes para a síndrome da fadiga crônica amplia a visão sobre as causas que a desencadeiam. Isso também permite que os médicos adaptem os tratamentos às necessidades de cada paciente, segundo os fatores desencadeadores a que estão sujeito.

CONSEQÜÊNCIAS EM RELAÇÃO AO TRATAMENTO

Se o estado de certos pacientes melhora com a ingestão de doses moderadas de cortisona (cujos efeitos euforizantes são conhecidos) ou de hormônios tireóideos, nenhum estudo conseguiu mostrar a eficácia desses tratamentos para os pacientes de fadiga crônica.

Medicamentos de duração limitada não são indicados, a não ser quando todos os outros métodos se mostraram ineficazes ou quando o paciente revela nítida melhora durante tratamento à base de corticóides prescritos por outros motivos.

Fatores neuropsiquiátricos

Os distúrbios neuropsiquiátricos – problemas cognitivos, distúrbios do sono ou síndrome depressiva – não são a causa direta da fadiga crônica, embora possam ampliá-la.

CÍRCULO VICIOSO

Os sintomas neuropsiquiátricos são mais conseqüências do que causas da fadiga persistente. As dores crônicas, assim como a angústia que o paciente sente em ter uma doença desconhecida, estão na origem dos distúrbios do sono e da síndrome depressiva reacional, ambos desencadeadores de fadiga e de diversos sintomas que a acompanham.

Em outras palavras, os distúrbios neuropsiquiátricos provocados pela fadiga agem sobre o centro "virtual" de controle da fadiga, na medida em que diminuem o limiar da sensação de fadiga (ver págs. 11-12), instalando assim um círculo vicioso.

ANOMALIAS DO METABOLISMO

Modernas técnicas de imagem médica (PET scan, ou seja, tomografia por emissão de pósitrons) têm demonstrado que alguns pacientes apresentam anomalias do metabolismo em determinadas zonas cerebrais. Não é possível, porém, saber se são causas ou conseqüências da fadiga.

TRATAMENTOS ANTIDEPRESSIVOS

Com freqüência, o médico prescreve antidepressivos por certo período, embora esse tipo de tratamento possa agravar a sensação de fadiga em outros casos. Síndrome depressiva ou depressão podem estar associadas à fadiga persistente, por isso o tratamento deve considerar o estado depressivo, seja anterior (precedente à síndrome) ou secundário (decorrente da fadiga).

Em doses moderadas, a amitriptilina produz efeito benéfico comprovado sobre as dores fibromiálgicas. Um antidepressivo mais recente, o minacipran, que age sobre os estoques de serotonina e de noradrenalina nas sinapses (ver págs. 23-24) também é eficaz contra a fibromialgia.

Causas infecciosas

Há muito tempo a origem infecciosa ajuda a explicar a síndrome da fadiga crônica. Fala-se inclusive de síndrome da fadiga crônica pós-infecciosa.

Os médicos tomam por base a fadiga persistente constatada depois de uma mononucleose infecciosa ou de uma brucelose crônica (doença infecciosa crônica transmitida por animais doentes ou por laticínios contaminados).

Depois de uma infecção aguda causada pelo vírus Epstein-Barr (responsável pela mononucleose infecciosa), a fadiga pode persistir por vários meses ou até por anos. Depois de uma brucelose aguda, algumas pessoas apresentam estado de brucelose crônica que dura anos e causa fadiga intensa.

A origem infecciosa da síndrome da fadiga crônica foi assim estabelecida por causa da existência de grandes epidemias de fadiga (síndrome dos *yuppies* nos Estados Unidos, por exemplo).

Vários estudos foram realizados em pacientes com síndrome da fadiga crônica para pesquisar a presença de anticorpos sangüíneos diante de diferentes agentes patogênicos (micróbios). Foram então descobertos os vírus Epstein-Barr, os vírus da herpes humana 6 (HHV6) e outros vírus da herpes, o parvorírus B19, e outras bactérias, como clamídias e micoplasmas.

A maioria dos agentes infecciosos é responsável por infecções persistentes: depois da fase de infecção aguda (sintomática ou não), o agente patogênico persiste no organismo. O vírus da herpes, por exemplo, permanece nas células muito tempo depois do desaparecimento da primeira erupção.

RELAÇÃO INFECÇÕES/ SÍNDROME DA FADIGA CRÔNICA

Estudos mostram que os pacientes com síndrome da fadiga crônica apresentam elevada taxa de anticorpos para diferentes antígenos. Indicam também que infecções são mais freqüentes nesses pacientes do que na população em geral.

Mesmo que os agentes patogênicos apresentem uma função nos mecanismos iniciais da fadiga, como fazem acreditar as sorologias positivas (a presença de anticorpos), nada comprova que interfiram na persistência da doença.

A presença de anticorpos não significa que a infecção ainda esteja ativa e a detecção de certos micróbios não comprova que esses agentes sejam os únicos responsáveis pela fadiga. Duas constatações tendem a demonstrar isso: esses mesmos agentes são encontrados em pessoas saudáveis, e os tratamentos (antivirais ativos sobre os vírus da herpes, por exemplo) não mostraram efeito favorável sobre a fadiga.

Argumentos indiretos sugerem, contudo, papel ativo dos agentes patogênicos na persistência da fadiga. Os médicos descobriram que, em casos relativamente raros, a ingestão de antibióticos pode diminuir a fadiga. Contudo, esse tipo de tratamento não é indicado no caso da síndrome da fadiga crônica: os antibióticos são ineficazes contra vírus e prescrições prolongadas favorecem a resistência das bactérias aos antibióticos.

Nenhuma correlação direta pode ser estabelecida entre vírus, bactérias ou fungos e a fadiga crônica, o que não exclui a possibilidade de participação indireta desses agentes na doença.

Outro argumento indireto em favor da causa infecciosa é a detecção, nos pacientes com síndrome da fadiga crônica, de uma forma anormal de enzima: a ribonuclease-L. Essa enzima anormal corresponderia a uma forma degradada da enzima (a ribonuclease, RNase) produzida durante a infecção viral. Assim, outras causas (genéticas ou tóxicas) também podem explicar a presença anormal dessa enzima.

Causas alérgicas e vacínicas

FADIGA E ALERGIA

Um em cada dois pacientes com síndrome da fadiga crônica apresenta alergia já conhecida ou descoberta durante avaliação médica. Essa taxa é nitidamente superior à média geral (de 15% a 20%).

Os mecanismos de alergia que induzem à fadiga não estão precisamente identificados. Porém, em toda reação alérgica, as células imunológicas liberam substâncias (histamina) responsáveis por essas manifestações clínicas, além de citoquinas (moléculas envolvidas na resposta imunológica), entre elas as interleuquinas, que devem agir sobre o limiar de desencadeamento da fadiga (ver pág. 25).

Em caso de fadiga persistente, é importante pesquisar uma eventual alergia alimentar através da anamnese ou de testes cutâneos. Pacientes que sofrem de fadiga há algum tempo e que apresentam alergia alimentar desconhecida melhoram significativamente depois de evitar certos alimentos e ingerir medicamentos antialérgicos.

FADIGA E VACINAÇÃO

Fadigas crônicas ocorridas imediatamente após vacinação são pouco correntes em relação ao número de vacinações praticadas. Porém, entre os pacientes com síndrome da fadiga crônica ou de fibromialgia, não é raro encontrar episódios de vacinação nos dois anos precedentes ao surgimento da fadiga crônica. O papel dessa vacinação no desencadeamento da fadiga, contudo, continua hipotético e incerto.

Não se pode dizer que a vacinação, assim como as infecções (ver págs. 59-61), provoca a doença: pode-se afirmar, no entanto, que ela induz à emergência da doença em uma pessoa predisposta – a fadiga poderia, nesse caso, ter surgido na seqüência de outro evento desencadeador.

Depois de uma vacinação que estimula o sistema imunológico, a pessoa desenvolve reatividade anormal diante de outros antígenos. A imunidade contra o agente infeccioso visado pela vacina age adequadamente, mas outras reações não desejadas aparecem, especialmente diante de antígenos do ambiente ou da flora intestinal do paciente (ver pág. 67).

Dois exemplos – esclerose múltipla e miofascite macrofágica – esclarecem a relação que pode existir entre vacinação e desencadeamento de doenças.

Vacinação e esclerose múltipla

Mecanismo idêntico ocorre entre a vacinação contra hepatite B e a esclerose múltipla, doença neurológica grave. As estatísticas comprovam, porém, a ausência de aumento da doença entre pessoas vacinadas em comparação às não-vacinadas.

Vacinação e miofascite macrofágica

Uma forma particular de afecção muscular, a miofascite macrofágica, identificada pela primeira vez em 1993, parece relacionada à administração de vacinas que têm como objetivo fixar o alumínio (utilizado como estabilizante na maioria das vacinas).

Biópsias de músculos realizadas na área em que pacientes receberam a vacina mostram, em 90% dos casos, infiltração das fibras musculares pelas células imunológicas (os macrófagos), que ficam repletas de cristais de alumínio. Fora dessa área, as afecções musculares são menos definidas. Mesmo se existir sincronia entre vacinação e aparecimento de sintomas, nada comprova que há relação direta de causa e efeito entre os dois. O mecanismo revela se tratar de um processo de hiper-reatividade aos antígenos ambientais, devido à vacinação favorecida pela reação ao alumínio.

Também é preciso destacar que a miofascite macrofágica é uma doença tão específica quanto rara, principalmente se relacionada ao número de vacinações realizadas. As características genéticas dos pacientes são certamente mais significativas do que as vacinas, quando o assunto são as conseqüências inesperadas da vacinação.

Reação anormal aos antígenos do ambiente

HIPERSENSIBILIDADE TARDIA

Outra hipótese para a origem da síndrome da fadiga crônica é a da hiper-reatividade a antígenos do ambiente.

Ao contrário da reação alérgica imediata – que se manifesta 20 minutos depois do contato com o alérgeno, por causa dos anticorpos sangüíneos particulares, os IgE –, a hiper-reatividade aos antígenos do ambiente é uma alergia tardia, que aparece de um a três dias e está relacionada a certos glóbulos brancos, os linfócitos T.

Essa hiper-reatividade está presente em metade dos pacientes em que a causa da fadiga não foi detectada. A positividade dos testes cutâneos – que constatam reação local ao fim de 48 horas, testemunham a existência de anomalias diante de certos antígenos do ambiente – pode estar associada ao aumento de uma substância chamada neopterina na urina.

ANTÍGENOS ENVOLVIDOS

Os antígenos envolvidos neste caso são bactérias, como o estafilococo dourado, ou fungos, como o *Candida albicans*. Os microorganismos são ubiqüitários (presentes em todo lugar) e várias pessoas são portadoras sem estarem doentes.

Em princípio, esses antígenos não são patológicos, exceto para indivíduos imunodeprimidos. Os estudos mostram que certas pessoas são sensíveis aos antígenos, que podem, inclusive, ser responsáveis pela fadiga crônica.

MECANISMOS EM JOGO

Quando os linfócitos T dos indivíduos hiper-reativos encontram esses antígenos nas mucosas (digestivas, respiratórias, urinárias ou genitais), começam a secretar citoquinas, como o interferom gama. Essa substância transmite sinais ao centro "virtual" de controle da fadiga, o que gera a sensação de fadiga.

É essa mesma citoquina que dá a sensação de fadiga durante gripes ou doenças inflamatórias. Ela também é responsável pelo aumento da neopterina na urina e da forma anormal da ribonuclease-L (ver pág. 61), duas anomalias encontradas em certos casos de fadiga crônica.

CONTATOS FREQÜENTES

Todas as pessoas estão em contato com fungos e bactérias, de modo mais ou menos intenso, pois esses microorganismos encontram-se naturalmente presentes na pele e nas mucosas. Além disso, existem portadores crônicos do estafilococo dourado: o microorganismo fica alojado nas narinas de modo contínuo ou intermitente, sem provocar doenças.

A *Candida albicans* está presente em todas as pessoas desde o nascimento.

Na maioria dos indivíduos, esses agentes não são patogênicos quando localizados em quantidade limitada nas mucosas.

Efeitos sobre a flora bacteriana

Quando a flora bacteriana normal se desequilibra por causa da ingestão de antibióticos ou por má alimentação, os microorganismos se multiplicam e produzem excesso de antígenos. A alimentação ocidental, que inclui açúcares e farinhas refinados em demasia, favorece a multiplicação de *Candida albicans* na flora intestinal, assim como os antibióticos que destroem as bactérias naturais da flora intestinal.

FLORA INTESTINAL

O ecossistema da flora intestinal ainda é pouco conhecido.
O intestino aloja permanentemente entre 300 e 400 espécies de bactérias diferentes. O equilíbrio entre as bactérias boas ("probióticas") e as bactérias patológicas é instável e se modifica com a alimentação ou ingestão de antibióticos. Toda diminuição da flora intestinal normal facilita o desenvolvimento de outras bactérias, parasitas ou fungos.

O mecanismo desses fatores reguladores ainda não foi completamente pesquisado e constitui um campo vasto de investigação, pois a flora intestinal está em contato quase direto com a maior parte das células do sistema imunológico.Na realidade, cerca de 80% dos linfócitos B, os glóbulos brancos que produzem os anticorpos, estão localizados no sistema imunológico associado às mucosas.

O equilíbrio dessa flora é importante para o organismo e para a regulação do sistema imunológico. Como 80% dos linfócitos B (glóbulos brancos que fabricam anticorpos) estão localizados nas mucosas, inclusive na mucosa do tubo digestivo, entende-se que desequilíbrios da flora digestiva possam induzir anomalias na resposta imunológica.

Desequilíbrios desse tipo são suspeitos de causar doenças inflamatórias do intestino (doença de Crohn e enterocolite úlcero-hemorrágica).

Relação com a fadiga

Uma parte dos pacientes com síndrome da fadiga crônica apresenta reatividade anormal a certos antígenos microbianos. A proliferação destes na pele e mucosas estaria na origem da ativação linfocitária contínua, responsável pela diminuição do limiar da fadiga.

Candida albicans e *Estafilococcus aureus* (estafilococo dourado) não são os únicos microorganismos envolvidos, mas estariam implicadas na metade dos pacientes da síndrome da fadiga crônica. Outros, como os micoplasmas ou os *Chlamydiae*, dos quais muitos indivíduos são portadores sem saber, também estariam presentes.

Ainda não há como explicar por que algumas pessoas desenvolvem reatividade anormal aos antígenos e outras não. Hereditariedade, estresse, modo de vida e outros detalhes do cotidiano são causas possíveis.

4

Pacientes e vida cotidiana

- Predisposição e fatores de risco
- Evolução da doença

Predisposição e fatores de risco

QUEM CORRE RISCOS

Estima-se que cerca de 5% dos brasileiros sofram de síndrome da fadiga crônica.

- **Preponderância feminina.** As mulheres representam dois terços dos casos de fadiga crônica, o que sugere que os hormônios sexuais femininos tenham participação ativa nos mecanismos da doença.

Várias outras doenças auto-imunes também têm preponderância feminina, o que leva a suspeitar de implicação hormonal. Algumas doenças auto-imunes são temporariamente aliviadas durante a gravidez (a poliartrite reumatóide e a esclerose múltipla, por exemplo), enquanto outras (o lúpus eritematoso) são agravadas pela impregnação hormonal.

Acredita-se que os hormônios sexuais, ou córtico-supra-renais, estão relacionados à multiplicação de bactérias nas mucosas, como a *Candida albicans*.

- **Jovens dinâmicos.** A população de jovens executivos muito ativos, os chamados *yuppies*, é bem vulnerável à doença. A vida agitada, estressante e extremamente competitiva que levam, aliada à alimentação desequilibrada (em geral, com consumo exagerado de carnes tratadas com antibióticos), explica a incidência da síndrome da fadiga crônica entre essa população que, *a priori*, parece tão disposta.

• **Crianças**. A síndrome da fadiga crônica também atinge crianças. Não é raro encontrar famílias em que um dos pais e um filho sofram da doença.

FATORES GENÉTICOS

Existem casos hereditários da síndrome da fadiga crônica, em que a doença atinge duas ou três gerações. Não se trata, porém, de uma doença genética no sentido estrito, em que um gene anormal determina a doença em todos os indivíduos portadores.

O fator hereditário neste caso é mais uma predisposição genética a reagir de modo inadequado às agressões do ambiente, principalmente aos microorganismos *Candida albicans*, *Staphylococcus aureus*, *Mycoplasma* ou *Chlamydiae*, que costumam provocar hiper-reatividades em pessoas predispostas.

Doenças como diabete insulinodependente, poliartrite reumatóide e esclerose múltipla são desencadeadas por predisposição genética, embora o fator genético não seja a única e principal causa.

O Complexo de Histocompatibilidade Maior (CMH) é equivalente, para todos os tecidos, ao grupo sangüíneo dos glóbulos vermelhos. Ele determina em parte as reações de rejeição diante de enxertos ou da presença de proteínas estranhas ao organismo.

Mecanismos

A predisposição à síndrome da fadiga crônica apresenta dois mecanismos principais:

• predisposição dos linfócitos, que são ativados de modo anormal, como acontece nas alergias;

• predisposição do indivíduo em alojar no próprio organismo determinados microorganismos.

Um segundo fator determinante para o surgimento da síndrome da fadiga crônica tem a ver com as variações individuais do **Complexo de Histocom-**

compreender

patibilidade Maior (CMH), que, no ser humano, também é chamado de sistema HLA.

Experiências com ratos de laboratório revelaram, por exemplo, que as moléculas de CMH são em parte responsáveis pelo tipo de flora intestinal do animal. Com alimentação idêntica, dois ratos com CMH idênticos apresentam bactérias digestivas diferentes, daí a constatação de que o fator individual é responsável pela suscetibilidade particular de cada um.

Acredita-se, assim, que o patrimônio genético de cada indivíduo determina a sua vulnerabilidade aos antígenos do ambiente.

FATORES DESENCADEADORES

É freqüente encontrar na história dos pacientes de fadiga crônica uma infecção inicial, um traumatismo, às vezes, uma vacinação, fato que leva os médicos a pensar em fatores desencadeadores da doença. Modificações da flora intestinal e das respostas do sistema imunológico seriam alguns desses fatores.

Modificações da flora intestinal

O desequilíbrio da flora intestinal pode estar diretamente relacionado ao episódio infeccioso inicial, às modificações alimentares ou a um tratamento antibiótico (ver pág. 41).

Modificação da resposta do sistema imunológico

Alterações imunológicas que ocorrem como respostas a antígenos da flora intestinal podem decorrer de infecção viral, traumatismo ou vacinação. Uma pessoa que antes tolerava bem a presença de microorganismos até o episódio desencadeador, de repente é capaz de desenvolver respostas imunoativas a alguns deles.

Outros exemplos mostram que uma infecção pode muito bem desencadear uma doença que continuará a se desenvolver em áreas predispostas, apesar da cura da infecção inicial: infecção por vírus respiratório (bronquite) em um bebê ou criança pequena pode favorecer o aparecimento da asma; diabete insulinodependente pode surgir em um indivíduo jovem depois de infecções virais comuns (resfriado, gripe).

Conseqüência

No caso da síndrome da fadiga crônica, o estresse do episódio inicial – uma vacinação ou infecção viral, como já se observou – pode modificar a flora intestinal ou a resposta do sistema imunológico diante de antígenos até então bem tolerados.

O fato de a pessoa passar a portar permanentemente esses anticorpos provoca uma ativação crônica de certos linfócitos que, ao secretarem citoquinas como o interferom gama, causam um estado de fadiga constante.

FATORES DE PERSISTÊNCIA

Alguns fatores de persistência da fadiga apresentam natureza diferenciada e variam de pessoa para pessoa. Entre esses fatores estão antígenos do ambiente (microorganismos), alergias alimentares, distúrbios do sono, dores crônicas e estados ansioso-depressivos.

Antígenos do ambiente

Antígenos ubiqüitários (presentes em todo lugar) como a *Candida albicans*, *Staphilococcus aureus*, *Mycoplasm* ou *Chlamydiae* são microorganismos considerados saprófitos (não-patogênicos) ou pouco patogênicos em sua forma comum. Mas são capazes de gerar, porém, respostas anormais em pacientes com síndrome da fadiga crônica.

- **O estafilococo dourado**, que em algumas formas causa infecções gravíssimas, é um micróbio com o qual, sob forma benigna, as pessoas convivem diariamente. Estima-se que 20% dos indivíduos saudáveis são portadores crônicos desse micróbio e que 40% sejam portadores intermitentes.
- ***A Candida albicans*** e sua "prima" *Geotrichum candidum* são hóspedes freqüentes da pele e das mucosas. Salvo no caso de pessoas imunodeprimidas, nas quais provocam candidíase grave, elas não são consideradas patogênicas se estiverem presentes em quantidades limitadas. Tratamentos antibióticos prolongados (muitas vezes prescritos para tratar doenças como a acne) e alimentação rica em açúcares e farinhas refinadas favorecem o desenvolvimento desses agentes.

Excesso de higiene agressiva, que destrói a flora saprófita normal, também favorece o desenvolvimento, no local, de bactérias perigosas. Isso acontece geralmente na pele e nos órgãos genitais femininos.

O desequilíbrio da flora intestinal é favorecido pela utilização de antibióticos e pela ingestão de alimentos que contenham antibióticos ou hormônios, ou, ainda, que sejam ricos em açúcares e farinhas refinados.

- Outros agentes como a *Mycoplasma* ou *Chlamydiae* são abordados em vários estudos da doença. Bastante comuns, sua presença não costuma ser patogênica.

Diferentemente do que acontece com alguns vírus (como o vírus da aids ou de certos tipos de hepatite), hoje não é possível conhecer a carga microbiana de micoplasmas ou clamídias em pessoas sãs, o que permitiria comparar essa quantidade com as de pessoas que sofrem de síndrome da fadiga crônica, fibromialgia ou síndrome do cólon irritável.

Acredita-se que existam nesses pacientes desequilíbrios da flora intestinal ou da flora das mucosas, os quais não conseguem impedir o desenvolvimento de micróbios patológicos.

A presença de microorganismos estimularia permanentemente os linfócitos T hiper-reativos, provocando produção de citoquinas (interferons) responsáveis pela diminuição do limiar da fadiga.

TESTES DE REATIVIDADE

Os testes cutâneos do tipo intradermorreação e os testes biológicos laboratoriais têm mostrado que existe uma porcentagem significativa de indivíduos com síndrome da fadiga crônica e que apresentam reatividade anormal diante da *Candida albicans*. O fato de uma injeção subcutânea de antígeno *Candida albicans* exacerbar os sintomas da fadiga crônica faz suspeitar que esse micróbio seja um dos agentes responsáveis pela persistência da fadiga.

Em alguns casos, os fatores microbianos de persistência estão localizados em um foco infeccioso profundo (sinusite, cárie, otite crônica). É importante detectar esses focos infecciosos, pois o tratamento contribui para reduzir a intensidade da fadiga.

Alergias alimentares

As alergias alimentares também causam persistência da fadiga. Quando um paciente apresenta fadiga crônica, o médico procura por uma alergia alimentar eventual – isso se já não tiver sido diagnosticado –, fazendo perguntas ou solicitando exames ao paciente.

Às vezes, a presença do IgE nas evacuações do paciente confirma a suspeita do médico, que então prescreve tratamentos antialérgicos, orientando-o a evitar os alimentos alérgicos.

Distúrbios do sono

Os distúrbios do sono são muito presentes e contribuem para a manutenção da sensação de fadiga, pois impedem a boa recuperação e diminuem o limiar de desencadeamento da fadiga.

É importante tratar o problema com medicamentos que não modifiquem os ciclos do sono. Por isso, o paciente deve evitar os tranqüilizantes e soníferos da família das benzodiazepinas.

Dores crônicas

As dores crônicas, um importante fator de manutenção da fadiga, são mais características das fibromialgias. Às vezes intensas, geram ansiedade e despertares noturnos que perturbam o sono e, conseqüentemente, a recuperação.

Estados ansioso-depressivos

São estados que ocorrem geralmente em pessoas psicologicamente fragilizadas por vários meses de fadiga crônica.

Ansiedade e estado depressivo ampliam a sensação de fadiga ao abaixar o limiar da sua percepção. Impressionados por ter "uma doença grave que os médicos não sabem diagnosticar", e sobre a qual não têm muito a dizer aos parentes e amigos e pouco compreendem, os pacientes ficam ansiosos.

Pessoas atingidas pela síndrome da fadiga crônica acabam por consultar vários médicos na esperança de encontrar um diagnóstico simples e concreto.

A grande dificuldade do médico, nesse caso, é tranqüilizar o paciente e fazê-lo compreender que o alívio não virá com a multiplicação de exames, mas, sim, com abordagens mais gerais. O risco de o paciente se tornar hipocondríaco e se "fechar" em sua fadiga é muito grande, principalmente quando ele se convence de que o problema tem causa desconhecida.

Evolução da doença

FADIGA CRÔNICA E CURA

Para afirmar se existe cura para a doença é preciso antes levar em consideração os mecanismos implicados em cada caso. De maneira geral, é comum ocorrerem melhoras progressivas, mas difíceis de serem quantificadas porque o paciente não vê progressos rápidos.

A melhora ocorre em dois ou três anos após o diagnóstico, e apenas quando o paciente enfim se convence de que não sofre de nada grave, de que é compreendido pelo médico e quando decide retomar progressivamente atividades físicas que elevam seu limiar de desencadeamento da fadiga.

Dessa maneira, mesmo sem desaparecer completamente, a fadiga pode ser controlada pelo próprio paciente.

Em outros casos, a adoção de atitudes que melhoram a qualidade de vida faz com que a fadiga desapareça e o paciente retome a vida normal.

RECAÍDAS

Por causa dos mecanismos de hiper-reatividade, existe a probabilidade de acontecerem recaídas. Nesse caso, há aumento dos sintomas durante infecções banais do nariz, garganta, pulmões ou aparelho urinário.

Nas mulheres, é comum que os sintomas clínicos sejam reativados ao ocorrem infecções ginecológicas e crises de candidíase vaginal, especialmente em certos períodos do ciclo menstrual.

Como os pacientes aprendem a conhecer e bem administrar o próprio estado, tornam-se capazes de se recuperarem mais facilmente das crises. Ao modificarem o estilo de vida, também conseguem fazer com que os sintomas de fadiga crônica desapareçam por completo.

COMPLICAÇÕES

As principais complicações da síndrome da fadiga crônica são de duas ordens:

- psicológica: quando há riscos de ocorrer depressão;
- social: quando ocorrem repercussões negativas sobre a vida profissional e pessoal do paciente.

Depressão

O estado astênico desmoraliza progressivamente os pacientes, que podem entrar em depressão profunda. Essa complicação é rara, pois a maioria dos pacientes procura se curar, quer se manter ativo e termina por encontrar soluções para seu problema de saúde.

Conseqüências sociais

São as conseqüências mais graves. A astenia pode impedir que o paciente continue a desempenhar suas atividades profissionais, causando-lhe problemas econômicos. Além disso, ele passa a se magoar com mais facilidade, principalmente com a incompreensão do parceiro, da família e dos amigos, que podem, inclusive, acusá-lo de desenvolver uma "doença imaginária". A vida familiar do paciente é posta seriamente à prova, o que pode levar, em casos extremos, a separações conjugais.

Associações de ajuda mútua, neste caso de portadores da síndrome da fadiga crônica, oferecem aos pacientes a oportunidade de desabafar e serem compreendidos.

Impotência funcional

Uma pessoa astênica, que não se compromete a praticar atividades físicas regulares, mesmo que moderadas, está progressivamente sujeita à impotência funcional. A inatividade, que o doente se impõe para evitar dores, pode causar amiotrofia (atrofia muscular) e ancilose (limitação da mobilidade das articulações), ambas difíceis de serem corrigidas. Manter atividades musculares regulares é, portanto, prioridade do tratamento.

EVOLUÇÃO PARA OUTRAS DOENÇAS

É raro a síndrome da fadiga crônica evoluir para outras doenças, embora já tenha sido descrita pela literatura médica a ocorrência do distúrbio chamado de síndrome de Gougerot-Sjögren.

Síndrome de Gougerot-Sjögren

O sintoma principal dessa afecção é o ressecamento das mucosas, com a ausência de lágrimas e saliva, devido à destruição progressiva, por meio de um processo auto-imune, das glândulas salivares, lacrimais, brônquicas, digestivas e vaginais. Como acontece em outras doenças auto-imunes, os agentes microbianos ambientais provavelmente são responsáveis pelos mecanismos iniciais da síndrome. Desequilíbrios da flora digestiva ou da mucosa são pontos em comum entre as diferentes doenças, o que explica sua evolução.

Outras complicações

Evoluir para outra doença auto-imune é algo raro na síndrome da fadiga crônica, mas sempre que surgirem novos sintomas, estes devem ser pesquisados.

O médico também deve detectar anomalias da tireóide, que podem surgir depois de vários anos de evolução.

DOENÇAS AUTO-IMUNES

As doenças auto-imunes resultam da agressão que células ou tecidos do organismo sofrem de seus próprios anticorpos (auto-anticorpos) ou de seus próprios linfócitos citotóxicos (glóbulos brancos "matadores"). São situações que ocorrem depois de desvios acidentais da função das células imunológicas ou, mais freqüentemente, depois de infecções virais comuns. Ao mirar as proteínas da parede dos microorganismos infecciosos, o organismo fabrica anticorpos que também são ativos contra algumas de suas próprias proteínas (células do pâncreas ou da tireóide, tecido conjuntivo das articulações ou dos músculos, glóbulos vermelhos, por exemplo). Antes chamadas de doenças sistêmicas, conectivas ou colagenoses, as doenças auto-imunes são uma demonstração – infeliz para o homem – da unidade da matéria viva: as proteínas dos microorganismos são tão parecidas com as do organismo humano que confundem o seu próprio sistema imunológico.

agir

5

Diagnóstico

- Base do diagnóstico
- Quem consultar

agir

Base do diagnóstico

O diagnóstico da síndrome da fadiga crônica se baseia em dois critérios principais e em pelo menos quatro critérios secundários (ver págs. 34-44). Esse diagnóstico é feito por clínicos-gerais ou por especialistas.

AFASTAR A SUSPEITA DE OUTRAS DOENÇAS

A fase mais longa do diagnóstico da fadiga crônica faz parte do segundo critério principal que serve de base para identificar a doença: corresponde à fase em que é preciso afastar a suspeita de que outras doenças estejam na origem da fadiga.

Para isso, exames clínicos completos são realizados logo na primeira consulta, que tem duração de 30 a 45 minutos. Nessa primeira avaliação médica, é comum que nenhum elemento determinante para o diagnóstico da doença seja detectado. O médico precisa então complementar a observação, solicitando ao paciente exames de sangue e urina.

Exames

Uma avaliação normal indica:

- numeração da fórmula sangüínea (contagem de plaquetas, glóbulos vermelhos e brancos no sangue);
- velocidade de sedimentação (rapidez com que os glóbulos vermelhos se separam do plasma e se depositam no fundo do tubo de ensaio);

• ionograma sangüíneo e urinário (lista de concentração de íons como o sódio e o potássio, contidos no sangue ou na urina);
• glicemia (taxa de glicose no sangue);
• dosagem da creatinina (substância azotada resultante da degradação da creatina, encontrada no tecido muscular); a creatinina indica o bom funcionamento dos rins;
• dosagem de uréia sangüínea (substância azotada resultante da destruição das proteínas de origem alimentar ou constitutiva dos tecidos humanos);
• eletroforese das proteínas sangüíneas com a albumina;
• medição das enzimas hepáticas, como as transaminases e as fosfatases acalinas;
• medição sangüínea do hormônio que estimula a tireóide (TSH);
• medição sangüínea da proteína C-reativa (substância cuja taxa aumenta durante inflamação aguda);
• dosagem sangüínea de ferro, cálcio e fósforo;
• medição do cortisol urinário, para diagnosticar uma eventual anomalia da glândula cortico-supra-renal.

Se a avaliação inicial (exame clínico) for normal, o médico não solicita sorologias virais – especialmente as do vírus de Epstein-Barr, dos enterovírus ou do vírus do herpes humano (HHV6).

O objetivo da avaliação normal é eliminar as principais causas da fadiga crônica de origem orgânica. Exames complementares são solicitados apenas quando o médico observa a presença de sintomas precisos.

Radiografias panorâmicas dentárias e dos sínus maxilares e frontais são solicitadas quando os pacientes não dispõem de chapas mais recentes, com menos de um ano. Esses exames servem para eliminar a suspeita de infecções ou inflamações locais.

É possível que o médico descubra no paciente uma doença assintomática, cujo tratamento permitirá reverter a fadiga.

Estado psíquico

A avaliação do estado depressivo do paciente é feita com a ajuda de um questionário, o autoquestionário de Beck, que ele preenche antes da consulta.

Um outro questionário, preenchido na mesma ocasião, permite quantificar a fadiga psíquica e intelectual, as dores, os distúrbios do sono, o estado do paciente quando desperto, para que o médico possa assim acompanhar a evolução de seu quadro.

Quem consultar

CLÍNICO GERAL

É preciso consultar primeiro um clínico geral. Se for um médico conhecido, melhor, porque conhecer o histórico do paciente ajuda a identificar mais facilmente eventuais anormalidades.

Depois da primeira consulta e da avaliação biológica complementar, não haverá necessidade de aprofundar os exames se não houver sintomas precisos.

MÉDICOS ESPECIALISTAS

Dores tendinosas e musculares levam o paciente a consultar reumatologistas, que são quase sempre os primeiros a diagnosticar a fibromialgia.

Quando predominam problemas digestivos, gastroenterologistas devem ser consultados. Estes geralmente solicitam a realização de uma endoscopia do cólon, já que a ausência de lesões orgânicas faz suspeitar da síndrome de cólon irritável.

QUANDO É PRECISO INTERNAR

Na maioria dos casos de fadiga crônica, a hospitalização é inútil. Se há suspeita de anomalias hormonais, o endocrinologista solicita explorações hormonais que, aí sim, exigem hospitalização, assim

Apnéias do sono acompanhadas de ronco e múltiplos microdespertares noturnos são muito bem tratadas com o uso de uma máscara de pressão positiva durante a noite.

como acontece com a exploração endoscópica do cólon, embora ambas sejam internações curtas.

Em caso de graves distúrbios do sono, o médico solicita um registro do sono, pois a ausência de sono profundo é um dos elementos essenciais para o diagnóstico da fadiga crônica. Esse registro também permite observar as apnéias, que muitas vezes impedem que o sono seja reparador.

6

Tratamentos

- Limiar da sensação de fadiga
- Distúrbios associados
- Reabilitação do corpo
- Afecções relacionadas ao sistema imunológico
- Dieta saudável

Limiar da sensação de fadiga

As causas da síndrome da fadiga crônica são numerosas e sempre relacionadas entre si. O médico procura tratar todas as causas presentes.

O objetivo do tratamento global é, de um lado, elevar o limiar da fadiga no cérebro, tratando causas centrais, como distúrbios do sono ou estados depressivos, e, de outro lado, limitar os sinais periféricos que provocam a sensação de fadiga.

DIMINUIR A ANSIEDADE

O primeiro elemento que reduz o limiar da sensação de fadiga no cérebro é a ansiedade gerada pela fadiga permanente, cuja causa é desconhecida tanto pelo paciente quanto pelos médicos.

Essa ansiedade cria um verdadeiro círculo vicioso que mantém e aumenta a fadiga.

Tranqüilizar e motivar

O médico começa por tranqüilizar o paciente, que se angustia por seus exames não revelarem nada de anormal, apesar de seu cansaço permanente. Cabe ao médico, então, explicar-lhe que a síndrome da fadiga crônica é hoje um estado conhecido e reconhecido e que não é mais considerada uma doença imaginária.

Essa simples consideração sobre a própria doença dá ao paciente a sensação de ser compreendido: ele sente que seu mal foi detectado e o prognóstico é favorável.

Mesmo que o médico não conheça tudo sobre a doença e suas causas, já conforta bastante saber que ela é objeto de pesquisa na medicina.

Ao mesmo tempo, é tranqüilizante para o paciente saber que os distúrbios cognitivos (perda de memória, distúrbios visuais e de humor) são decorrentes da fadiga e não sintomas de doenças nervosas graves, como a esclerose múltipla e a doença de Alzheimer.

Checar uma possível hiper-reatividade aos antígenos do ambiente, por meio de testes cutâneos ou sangüíneos, permite ao médico explicar de modo seguro uma parte dos fenômenos da fadiga.

Na maioria das vezes, a sensação de ser ouvido devolve a confiança ao paciente. A motivação é essencial para que ele queira melhorar e ser bem-sucedido nas diferentes técnicas de readaptação a que deverá se submeter para retomar sua vida de maneira praticamente normal. É por isso que as associações de ajuda mútua têm papel fundamental no tratamento das doenças, pois são ambientes em que eles encontram apoio e reconhecimento.

Compreender que a fadiga não é nada de excepcional nem uma doença desconhecida é o primeiro passo para o tratamento.

Tratar

- Tranqüilizantes em doses leves podem ser úteis em alguns casos, porém, como são difíceis de controlar, podem piorar a fadiga. É preciso evitar principalmente a categoria comum de ansiolíticos, as benzodiazepinas, porque esses medicamentos modificam as fases do sono, diminuindo o sono profundo reparador, causando sensação de fadiga. Além disso, também levam à dependência, promovendo ansiedade quando não são ingeridos.

- Técnicas de relaxamento e controle da respiração (ver págs. 98-99) são meios simples e eficazes de administrar a ansiedade e o estresse. Praticadas corretamente, permitem bom relaxamento físico e mental.

Distúrbios associados

DEPRESSÃO

Em caso de distúrbios associados com a síndrome da fadiga crônica, o médico pode prescrever o uso de antidepressivos.

Em geral, o médico evita prescrever doses muito fortes para não provocar efeitos contrários. Uma pessoa que não apresenta depressão e passa a ingerir antidepressivos corre o risco de ter a sensação de fadiga ampliada. A utilização desses medicamentos é uma decisão delicada, já que a fadiga precede a síndrome depressiva.

Existem fórmulas eficazes para o tratamento da fibromialgia, apresentadas sob a forma de gotas, para serem ingeridas à noite. Nesse caso, tem mais efeito regulador do sono do que antidepressivo.

DISTÚRBIOS DO SONO

Qualidade do sono

Bons hábitos geralmente são suficientes para melhorar a qualidade do sono e lhe devolver seu efeito reparador.

- É importante não consumir bebidas estimulantes (café, chá, refrigerantes à base de cafeína) nem álcool depois das 16 horas. Se por um lado o álcool é utilizado porque faz dormir mais rápido, por outro, ele causa distúrbios nas fases profundas do sono.

- É preciso evitar atividades estimulantes à noite (se possível, nada de televisão nem computador), pois estimulam a atividade cerebral e impedem o paciente de conciliar facilmente o sono. Também devem ser evitadas atividades físicas intensas depois das 18 horas.
- É aconselhável criar o hábito de ir dormir sempre no mesmo horário, pouco antes do momento do adormecimento. Essa capacidade de adormecimento atinge seu auge em certos períodos do dia, da noite e da madrugada. O momento do adormecimento é geralmente percebido por causa dos bocejos incontroláveis. Cada um deve descobrir a sua melhor hora de ir dormir, pois quinze minutos mais tarde atrasa o ciclo seguinte, que se iniciará noventa minutos ou duas horas depois.
- Alguns rituais pessoais ajudam a dormir. Um copo de leite morno pode ter efeito relaxante em algumas pessoas, enquanto outras preferem tomar uma bebida mais refrescante.

SESTA

Muitas pessoas têm o hábito de dormir depois do almoço. Em alguns países como a Espanha, por exemplo, a sesta é um costume cultural. Na verdade, esse é um momento bastante favorável para dormir, por causa da ação da digestão, mas que não deve exceder mais do que 25 minutos. O motivo está na dificuldade que pode ocorrer em despertar, o que anula o efeito reparador da sesta. Além disso, sestas prolongadas freiam o adormecimento noturno. Por isso, ela deve ser evitada por quem já apresenta dificuldades para dormir à noite.

Medicamentos para dormir

Se outros meios não tiverem sido eficazes, o médico pode prescrever medicamentos para o paciente dormir, mas com a ressalva que respeitem as diferentes fases do sono.

Benzodiazepinas estão proibidas, pois pertencem à família de ansiolíticos que apresentam vários inconvenientes, entre eles efeito prolongado que provoca sonolência de dia. Também desorganizam as fases do sono, por isso não são reparadores. Induzem facilmente à dependência, causando crises de angústia e distúrbios do sono durante a abstinência.

Contra dores noturnas

Pacientes com fibromialgia apresentam despertares noturnos por causa da dor, que muitas vezes é resistente à maioria dos antálgicos e antiinflamatórios não-esteróides.

Algumas atitudes simples podem ajudar a limitar essas dores. Como elas são predominantes nas extremidades do corpo e a diminuição da temperatura intensifica-as, recomenda-se ao paciente que se cubra bem durante a noite, protegendo pés e mãos.

À noite, durante o sono, a temperatura do corpo diminui alguns décimos de grau devido à inatividade muscular. Para mantê-la constante, o organismo utiliza para isso reflexos de vasoconstrição: contrai as artérias periféricas para limitar as perdas de calor para o exterior. Se esses reflexos de vasoconstrição protegem a temperatura, reduzem o aporte de calor para a periferia, ou seja, para mãos e pés.

Acredita-se que o resfriamento dessas partes periféricas pode favorecer a multiplicação de microorganismos como os micoplasmas ou as clamídias. Outra hipótese é de que esses agentes estariam envolvidos na manutenção das dores periféricas dos pacientes com fibromialgia, devido às reações inflamatórias que provocam. É por essa razão que pijamas quentes, touca e meias ajudam esses pacientes a ter qualidade de sono.

DORES

Medicamentos Antálgicos do tipo paracetamol e antiinflamatórios não-esteróides geralmente são ineficazes, sobretudo no início do tratamento. Alguns antidepressivos, ao contrário, se mostram eficazes no começo, efeito esse que diminui com o tempo.

Meios não-medicamentosos Outros meios têm a capacidade de tornar as dores mais suportáveis e menos resistentes aos antálgicos comuns. Vários pacientes constatam diminuição da dor (mas não necessariamente da fadiga) depois de banhos quentes ou sessões de sauna.

Inúmeros mecanismos explicam essa melhora. O calor local proporciona dilatação das artérias tendinosas e musculares, facilitando a oxigenação local e a eliminação de toxinas como o ácido lático. Além disso, a elevação da temperatura periférica inibe o crescimento de microorganismos perniciosos (micoplasma e clamídia). Basta lembrar que uma das funções fisiológicas da febre é limitar o crescimento de agentes patogênicos, que não apreciam temperaturas quentes.

Reabilitação do corpo

EXERCITAR-SE PROGRESSIVAMENTE

Um dos primeiros sintomas fisiológicos da fadiga é a produção de ácido lático (ver pág. 18), uma toxina produzida pela combustão anaeróbia da glicose. Para limitar essa produção, é necessário praticar atividades musculares regulares que, ao estimularem as células musculares, favorecem a boa oxigenação dos músculos.

Vários estudos mostram os benefícios do condicionamento progressivo em pacientes com fadiga crônica. Portanto, é essencial manter uma atividade física regular, que pode ser na forma de caminhadas ou ginástica leve. Importante, durante os exercícios, não é forçar, mas produzir esforço moderado que não seja sufocante, doloroso ou cansativo demais.

No início, 5 ou 10 minutos de exercício de manhã e à noite são suficientes, com aumentos progressivos de 1 ou 2 minutos a cada dia. Trata-se de um condicionamento, como fazem os atletas, embora o nível inicial seja bem mais baixo. A progressão lenta favorece o desenvolvimento da vascularização muscular, diminuindo as situações de esforço anaeróbio. É preciso força de vontade e perseverança para não desistir. Alguns dias são mais difíceis, aparentemente pouco produtivos. A manutenção de um diário de atividades é essencial, pois permite avaliar melhor o progresso de semanas ou meses.

As aulas de reeducação física em piscinas de água quente favorecem a vasodilatação periférica e a oxigenação tecidual, ajudando o paciente a retomar a atividade muscular. Para alguns, tratamentos termais ou a talassoterapia trazem muitos benefícios.

Respirar melhor

Um segundo modo de combater a anaerobia é concentrar-se na respiração. Pessoas atingidas pela síndrome da fadiga crônica apresentam geralmente pequena hipóxia (os glóbulos vermelhos não estão saturados de oxigênio no sangue arterial) que pode estar relacionada à utilização inadequada dos pulmões, que ficam tempo demais em repouso. A melhor maneira de evitar essa hipoventilação é praticar a respiração consciente.

Movimentos respiratórios

Trata-se de tomar consciência dos movimentos respiratórios, de ampliar ligeiramente a inspiração e, sobretudo, expirar profunda e longamente. A maioria das pessoas sedentárias não respira com o alto dos pulmões, pois perderam o hábito de respirar com o ventre. A respiração abdominal permite uma boa utilização de todos os alvéolos pulmonares.

Para praticar uma boa respiração abdominal, é preciso vestir-se com roupas soltas, que não comprimam a bacia, abdome e tórax. Os primeiros exercícios devem ser praticados deitado ou em pé, com a mão sobre o ventre para sentir o deslocamento do abdome.

- Expirar profundamente. É preciso começar expirando profundamente, encolhendo o ventre (a mão desce). É o que todo mundo faz espontaneamente quando suspira. Para sentir bem o movimento, deve-se suspirar duas ou três vezes. Uma risada ou várias dão o mesmo resultado e são um bom treino para expiração forçada. Essa expiração deve ser a única parte ativa da respiração. Na realidade, quando alguém expira de modo adequado, a inspiração ocorre automaticamente, como uma mola que volta ao lugar.

- Movimentos amplos. Depois de tomar consciência do movimento de expiração abdominal, pode-se tentar aumentar ligeiramente (de 1 a 2 segundos) o tempo de expiração e inspiração.

Quanto mais amplos forem os movimentos inspiratórios, mais fácil se consegue ampliar o ritmo das inspirações e expirações. A hiperventilação pode causar vertigens ou crises de tetania. Por isso, é preciso praticar os exercícios respiratórios com moderação, primeiro em repouso para perceber a mudança, depois caminhando. Pessoas que cantam podem sustentar certas notas por muito tempo sem respirar, efetuando uma inspiração prolongada.

Quando se aprende a esvaziar os pulmões, o ar viciado é mais bem eliminado e a inspiração traz naturalmente todo o oxigênio necessário às células e músculos. Além disso, aprender a expirar é um bom meio de combater a ansiedade e o estresse.

O suspiro é um reflexo da expiração, cujo papel fisiológico é se desfazer das tensões. As técnicas de respiração podem ser aprendidas com professores de ioga, sofrologia (técnica de autopercepção da imagem corporal), ou cinesioterapeutas interessados em técnicas de relaxamento baseadas na respiração.

Afecções relacionadas ao sistema imunológico

Essa parte do tratamento compreende três aspectos:
• erradicação de locais de infecção profunda;
• combate a estafilococos ou à *Candida albicans*, caso estejam relacionados à fadiga crônica;
• tratamento de alergias e intolerâncias alimentares.

INFLAMAÇÕES CRÔNICAS

As infecções profundas podem ser responsáveis por uma inflamação crônica que produz citoquinas (ver pág. 25), substâncias que agem no cérebro como sinais de fadiga. As infecções dentárias ou sinusites crônicas às vezes são desconhecidas ou negligenciadas. Há casos em que o tratamento de dois dentes infectados não-dolorosos praticamente permitiram o desaparecimento de fadigas persistentes.

PRESENÇA DE ESTAFILOCOCO E *CANDIDA ALBICANS*

Alguns indivíduos são portadores crônicos de agentes microbianos como o estafilococo ou a *Candida albicans*, sem apresentar, contudo, sinais de infecção. Esses agentes não são considerados patológicos se sua proliferação estiver reduzida e a localização se limitar às mucosas.

Dúvidas surgem sobre a necessidade de tratar portadores sãos de estafilococos nas narinas e de *Candida albicans* nas fezes ou na mucosa vaginal. Em caso de fadiga crônica, porém, agir contra esses micróbios parece justificável.

Combate ao estafilococo

Combate ao estafilococo

- Tratamentos tópicos. Tratamentos locais são mais indicados do que tratamentos antibióticos, pois a antibioticoterapia prolongada pode provocar resistência bacteriana ao antibiótico.

Além disso, esses tratamentos desequilibram a fauna bacteriana intestinal e, portanto, complicam ainda mais o problema. Infelizmente, a melhora constatada em pacientes com síndrome da fadiga crônica ou fibromialgia é transitória. Depois do final do tratamento tópico, os microorganismos geralmente reaparecem, assim como a fadiga.

- Vacina antiestafilocócica. Pesquisas mostram o efeito benéfico da vacina à base de toxina estafilocócica.
- Homeopatia. É possível, mas ainda não demonstrado, que diluições homeopáticas de antígeno estafilocócico têm efeito benéfico sobre pacientes portadores desses microorganismos – quando eles são responsáveis pela manutenção da fadiga.
- Probióticos. São bactérias "boas", como o lactobacilo e o bifidus, encontrados nas mucosas e que fazem parte da flora bacteriana normal. A utilização de probióticos (laticínios fermentados, medicamentos ou complementos nutricionais à base de lactobacilos e bifidobactérias) pode ser benéfica para um efeito competitivo nas mucosas: as boas bacté-

Contra a *Candida albicans* e o estafilococo presentes na pele ou nas mucosas genitais, o tratamento tópico é mais indicado do que os antibióticos ou antifúngicos por via oral. Para isso estão disponíveis vários antissépticos (líquidos ou em pomada) eficazes.

rias ocuparam o espaço vital das bactérias ruins. Pesquisas canadenses demonstraram a eficácia dos lactobacilos (iogurtes) na eliminação das infecções estafilocócicas.

Combate à *Candida albicans*

- Medicamentos. É indispensável tratar infecção aguda intestinal ou ginecológica causada pela *Candida albicans*.

Porém, é preciso tomar algumas precauções, pois o tratamento pode desencadear fadiga ou exacerbar os sintomas relacionados à liberação maciça do antígeno da candidíase (o que confirma o papel desse agente nos mecanismos da fadiga).

Pode-se ao menos evitar a reação indesejada com a adoção de um tratamento progressivo, limitado a poucos dias.

Medicamentos ativos contra a *Candida albicans* são ingeridos por via oral e se apresentam sob a forma de suspensão (líquido) ou comprimido. Em caso de infecção vaginal, são prescritos óvulos ginecológicos.

- Tratamentos de fundo. O principal problema causado pelas infecções provocadas pela *Candida albicans* é a tendência a recaídas.

O tratamento de fundo consiste, em primeiro lugar, em modificar os hábitos alimentares (ver págs. 105-107). Na realidade, o desenvolvimento da *Candida albicans* em parte está relacionado com o consumo de glicídios refinados (doces, massas, bebidas doces, alimentos à base de farinha branca refinada).

É importante cuidar da higiene, sobretudo das mãos, que devem estar sempre limpas, especialmente durante as refeições.

Outro componente do tratamento consiste em tentar modificar a flora intestinal substituindo as *Candida albicans* em excesso por uma flora probiótica normal.

Vários produtos comercializados apresentam lactobacilos ou bifidus, bactérias normalmente presentes na flora intestinal. O kefir (ver pág. 106), por exemplo, tem essas mesmas propriedades. Se o conjunto dessas medidas não for suficiente para aliviar a fadiga, um tratamento homeopático imunomodulador (que ajusta as respostas imunológicas muito fracas ou muito fortes) pode ser indicado.

ALERGIAS OU INTOLERÂNCIAS ALIMENTARES

Mais da metade dos pacientes com síndrome da fadiga crônica apresenta alguma alergia ou reações que induzem à liberação de mediadores da alergia, mas também de citoquinas que podem gerar fadiga.

Diante de pacientes que apresentam fadiga persistente inexplicável, o médico procura por sintomas que indiquem a presença de alergias ou intolerância alimentar ignorada pelo paciente. Essa pesquisa é feita por meio da anamnese e também por exames de sangue e de pele, que evidenciam reações anormais a alimentos suspeitos.

O tratamento consiste em evitar os alimentos alérgicos e, se necessário, ser completado por medicamentos antialérgicos. Às vezes, essas medidas são suficientes para tratar da fadiga crônica.

ALÉRGENOS ALIMENTARES NO ADULTO

Alimentos comuns e alimentos raros podem ser alérgicos:

- Clássicos: umbelíferas (cenoura, aipo, erva-doce, coentro), drupáceas (maça, pêra, damasco, cereja), ovos, crustáceos, peixes, leite e laticínios.
- Alimentos cada vez mais alérgenos: farinha de trigo com glúten, leguminosas (soja), banana, abacate, kiwi, amendoim.
- Alérgenos pouco freqüentes: carne de boi, de porco e de frango, batata, girassol, mostarda, gergelim, castanhas, tomate, manga, lichia, morango, maracujá e chocolate.
- Alérgenos excepcionais: fermento, café, pimenta, pistache, laranja, melão, uva, figo.

Dieta saudável

Em função dos hábitos alimentares, algumas atitudes simples podem melhorar o equilíbro da flora intestinal.

ALIMENTOS DESACONSELHADOS

Frutas secas como figos, tâmaras e damascos, assim como lêvedo de cerveja ou medicamentos à base de fungos, são desaconselháveis em caso de fadiga crônica.

- Todos os alimentos que podem conter fungos como *Candida albicans* ou *Geotrichum candidum*, em particular os queijos azuis (*roquefort*, gorgonzola etc.), frutas e vegetais estragados.
- Alimentos que foram estocados na geladeira depois de cozidos. Mesmo em temperaturas de 4°C, microorganismos como *Candida albicans* ou *Geotrichum candidum* conseguem se multiplicar.
- Alimentos ricos em hidratos de carbono (ou glicídios) que alimentam os fungos, especialmente encontrados em açúcares refinados (doces, bebidas doces como refrigerantes e sucos de fruta) e alimentos à base de farinha branca (pão, bolos, massas, pizzas). Os alimentos desse tipo são necessários ao trabalho físico, mas é preciso limitar seu consumo e substituí-los por legumes, principalmente no caso de pessoas sedentárias.

ALIMENTOS ACONSELHADOS

- Laticínios fermentados. São todos aqueles que contêm bactérias probióticas, como os lactobacilos e as bifidobactérias. Essas bactérias estão presentes em iogurtes não-pasteurizados e nos iogurtes orgânicos, e também no kefir de leite ou de frutas. É essencial que essas bactérias estejam bem vivas para ocupar o nicho ecológico intestinal onde se desenvolvem os fungos. Por isso, os laticínios devem ser consumidos logo depois de comprados, bem antes da data de vencimento, pois uma parte das bactérias morre durante a conservação na geladeira.

O KEFIR

Originário da Europa oriental, o kefir é uma bebida que mistura leite e lêvedo de grãos de kefir. Ele também pode ser preparado com um xarope de açúcar e frutas. Em certos países, a bebida é comercializada pronta para consumir, mas é difícil de ser encontrada no Brasil. É possível, porém, preparar o kefir em casa. Basta comprar lêvedo ou grãos de kefir para o leite ou as frutas. Estes são encontrados em casas de produtos naturais, seções de produtos naturais de grandes supermercados e importadoras, especialmente sob a forma de pó liofilizado; já os grãos de kefir são mais difíceis de encontrar. O preparo é simples. Deixa-se a mistura de lêvedo e leite em temperatura ambiente por 24 horas para obter a bebida fermentada, que pode ser conservada fresca para ser consumida depois.

O consumo de laticínios que contêm bactérias vivas contribui para o tratamento de candidíases vaginais recorrentes.

Pesquisas norte-americanas realizadas com mulheres comprovam a presença de lactobacilos na área genital entre 48 e 72 horas depois da ingestão desses produtos.

Para algumas pessoas, esses simples hábitos alimentares se mostram suficientes, enquanto para outras é necessário acrescentar tratamento homeopático para aliviar a fadiga.

- Equilíbrio alimentar. Além do "repovoamento" do tubo digestivo por "boas" bactérias, a alimentação variada e composta sobretudo por legumes e frutas é recomendada. Esse regime é parecido com a dieta mediterrânea preconizada por cardiologistas, pois permite um aporte normal em oligoelementos e vitaminas.
- Complementos. Quando a alimentação é variada, a ingestão prolongada de vitaminas ou oligoelementos não é necessária. Porém, é recomendável surprir as deficiência de pacientes com déficit de magnésio, já que esse mineral ajuda a diminuir a sensibilidade normal à dor (hiperestesia).

Para quem não gosta de laticínios, é possível consumir probióticos na forma de sachês ou cápsulas. É preciso, porém, evitar preparações muito ricas em frutooligossacarídeos (FOS), que nem sempre são bem suportadas por quem sofre de síndrome do cólon irritável.

CONCLUSÃO

Apesar da angústia dos pacientes que se sentem incompreendidos, a fadiga crônica não é mais uma doença desconhecida. Ela continua, porém, a desafiar os médicos, pois escapa do esquema habitual, que consiste em relacionar toda doença a uma causa. Nesse caso, o papel do médico é investigar as várias causas possíveis (eliminando as causas conhecidas de fadiga) e trazer soluções condizentes para melhorar a vida do paciente.

Motivação essencial

É importante ser tratado por médicos que conheçam bem a doença. Mas o paciente também tem papel essencial na eficácia do tratamento: ele deve compreender os procedimentos e estar convencido de sua eficiência. Sua vontade de se curar não deve diminuir com a lentidão do processo ou por causa das recaídas. Vencer a fadiga crônica é conhecer pequenas e várias vitórias. Por isso, o apoio do médico, de familiares e amigos é essencial para ajudar o paciente a superar a doença.

Tratamento geral

O tratamento deve englobar diferentes aspectos. As terapias comportamentais, com a retomada progressiva de atividades físicas, são indicadas. Elas podem ser acompanhadas por tratamentos para corrigir distúrbios do sono, ansiedade e depressão. Outras medidas simples trazem efeitos benéficos: uma boa vasodilatação periférica (banhos quentes, balneoterapia), qualidade do sono, bons hábitos alimentares (dieta rica em legumes, frutas e laticínios fermentados; e pobre em açúcares refinados). O conjunto dessas medidas permite melhorar progressivamente o estado do paciente.

Futuro

Os tratamentos imunomodulares, à base da diluição de antígenos ambientais suspeitos de causar fadiga, hoje já permitem alívio significativo dos sintomas. Outros caminhos de pesquisa estão sendo abertos, pois a história médica do tratamento da fadiga está apenas começando.

Dúvidas mais freqüentes

- A fadiga é uma sensação normal? **Ver pág. 10**
- Como definir a fadiga? **Ver págs. 10-12**
- Por que nos fatigamos? **Ver págs. 16-25**
- Por que a gripe nos fatiga? **Ver págs. 24-25**
- A fadiga pode ser psicológica? **Ver págs. 22-24**
- Como nos recuperamos? **Ver págs. 27-29**
- Qual é o papel da fadiga? **Ver págs. 14-15**
- Quais são os sintomas da síndrome da fadiga crônica? **Ver págs. 34-44**
- Em que se baseia o diagnóstico? **Ver pág. 33**
- Que é uma doença infecciosa? **Ver págs. 59-61**
- A fadiga crônica é hereditária? **Ver págs. 70-72**
- É uma forma de depressão? **Ver págs. 57-58**
- É uma alergia? **Ver pág. 62**
- Por que se dorme mal? **Ver págs. 47-48**
- Por que a fadiga persiste? **Ver págs. 73-77**

- Quais são suas conseqüências? **Ver págs. 79-80**
- Qual é a influência das vacinas? **Ver págs. 62-64**
- Quem consultar? **Ver págs. 87-88**
- É preciso fazer uma avaliação médica? **Ver págs. 84-86**
- É preciso tomar antibióticos, ansiolíticos e antidepressivos? **Ver págs. 91-92, 93, 95-96, 101**
- Que soníferos se deve ingerir? **Ver pág. 95**
- É preciso fazer uma dieta alimentar especial? **Ver págs. 105-107**

Mitos e verdades sobre a fadiga crônica

Não há diferença entre a síndrome da fadiga crônica, fibromialgia e síndrome do cólon irritável.

Verdadeiro e falso. Trata-se realmente de formas diferentes de uma mesma doença que podem ter em comum a hiper-reatividade a alguns antígenos. Na síndrome da fadiga crônica, o sintoma que predomina é a fadiga; na fibromialgia, as dores; na síndrome do cólon irritável, perturbações no sistema digestivo.

Vacinas podem causar fadiga crônica.

Verdadeiro. As vacinas podem ter um efeito desencadeador, servindo de "starter" de uma hiper-reatividade que ocorreria numa outra situação no paciente predisposto. No caso raro da miofascite macrofágica, o alumínio contido nas vacinas favorece a ativação dos macrófagos (variedade de célula imunológica) na área da injeção. Os mecanismos que induzem dores em áreas distantes do ponto da injeção ainda não estão claros. Algumas pessoas têm o mesmo tipo de hiper-reatividade aos antígenos do ambiente do que pacientes de fadiga crônica.

A fadiga crônica não tem cura.

Falso. A fadiga crônica é curável ou pode se estabilizar. A maior dificuldade dos médicos é detectar com precisão as causas da persistência da fadiga e tratar todas elas em conjunto. De seu lado, o paciente deve estar convencido de que sua doença não é grave, que ele pode se curar não apenas graças aos medicamentos mas a um conjunto de medidas relacionadas à qualidade de vida.

A fadiga crônica é uma doença nervosa.

Falso. A síndrome da fadiga crônica não é uma doença neurológica ou nervosa. No entanto, ela comporta um fator nervoso por dois motivos: geralmente ocorre em pessoas ansiosas; e uma síndrome depressiva secundária sempre se instala no momento em que o paciente "não vê a luz no fim do túnel" e se desespera.

Quem tem síndrome da fadiga crônica precisa descansar bastante.

Verdadeiro e falso. É preciso fazer uma atividade física que mantenha a massa muscular, mas também é preciso evitar esforços violentos, cuja recuperação seja lenta. Portanto, é preciso saber descansar e ao mesmo tempo manter uma atividade muscular quase normal. A inatividade prolonga e piora o tratamento da fadiga.

É preciso parar de trabalhar.

Verdadeiro e falso. Tudo depende do estado da fadiga e do tipo de trabalho. Mas é desaconselhável parar com toda a atividade, pois isso pode conduzir a uma amiotrofia (atrofia muscular) difícil de corrigir.

Glossário

Antígeno: composto bioquímico (proteínas, lipídios ou açúcares) ou agente bacteriano, viral ou parasitário contra o qual o sistema imunológico desenvolve uma reação.

ATP: adenosina trifosfato, principal carburante situado no interior das células.

Brucelose crônica: doença infecciosa muito fatigante transmitida por animais doentes ou laticínios contaminados.

Centro "virtual" de controle da fadiga: a fadiga é regulada pelo sistema nervoso central, por um centro nervoso que integra as informações do cérebro (sinais centrais) e os da periferia (sinais periféricos) com o objetivo de regular o limiar da fadiga e fazer a pessoa sentir a sensação de fadiga. Os neurologistas não determinaram o lugar preciso dessa regulação, exatamente como acontece em relação à memória, que também não é localizada em um único centro nervoso.

Citoquinas: mediadores químicos produzidos pelas células, que permitem a comunicação entre as células do sistema imunológico. As principais citoquinas são as interleuquinas, os interferons e os fatores de necrose tumoral (TNF).

Cólon: intestino grosso.

Complexo de histocompatibilidade maior (CHM): também chamado de HLA (antígenos leucocitários humanos). Quando se refere ao homem, o complexo de histocompatibilidade maior é um conjunto de moléculas situadas na superfície das células. Seu papel é reconhecer as proteínas das células do sistema imunológico, os linfócitos. Se essas proteínas são reconhecidas como pertencentes ao organismo, a imunidade não entra em jogo. O CHM é responsável pela rejeição de um enxerto, por exemplo.

Cortisol: hormônio secretado pela glândula córtico-supra-renal. Ele age sobre o metabolismo dos glicídios, lipídios, proteínas, água e minerais.

Escala de Epworth: questionário que permite avaliar a sonolência diurna.

Fibromialgia: síndrome dolorosa difusa, que atinge principalmente as mulheres. Sua origem é desconhecida e sua evolução prolongada, embora não cause invalidez. As dores são sentidas em diferentes partes do corpo: occipício (parte ínfero-posterior da cabeça), pescoço, parede do tórax, nádegas, cotovelos e joelhos. Não ocorre nenhuma modificação objetiva nas articulações nem anomalias radiológicas ou biológicas. As dores são acompanhadas por fadiga, sobretudo pela manhã, e por distúrbios do sono. Pode ocorrer também uma síndrome depressiva.

Glicogênio: forma de estocagem da glicose nos músculos ou no fígado.

Glicólise: processo químico que permite a quebra da glicose para produzir energia sob a forma de adenosina trifosfato.

Glicose: açúcar que serve como principal carburante das células.

Hiper-reatividade linfocitária: reatividade anormal dos linfócitos diante de antígenos. Durante uma cultura de linfócitos em uma incubadeira, considera-se hiper-reatividade linfocitária quando mais de 1% dos linfócitos exprimem em 24 horas um marcador de ativação precoce chamado DC69 na presença do antígeno testado. Em um indivíduo normal, apenas uma célula em mil ou dez mil reage normalmente em 24 horas. Quando os linfócitos são ativados, eles produzem citoquinas como o interferom gama, que estimulam a imunidade e apresentam um sintoma de fadiga.

Hipocondríaco: pessoa permanentemente inquieta com a saúde, que acredita sofrer de uma doença grave.

Hipoglicemia: diminuição da taxa de glicose no sangue.

Linfócitos: tipos de glóbulos brancos que têm um papel essencial nos mecanismos de defesa do organismo. Os linfócitos dão origem aos anticorpos. Os linfócitos T secretam substâncias, as citoquinas, ou destroem células anormais ou infectadas.

Mialgia: dor muscular de origem diversa, geralmente provocada por hipertonia muscular ou traumatismo.

Micótico: relativo aos fungos.

Questionário de Beck: questionário preenchido pelo paciente, e que permite avaliar a existência de depressão.

Saprófita: diz-se de um microorganismo, bactéria ou fungo que não tem efeito patogênico, e vive em harmonia com o hospedeiro.

Síndrome de cólon irritável: distúrbio do funcionamento do cólon de origem desconhecida, sem lesão orgânica verificável. As dores, do tipo espasmódico, ocorrem no trajeto do cólon. Elas são acompanhadas por distúrbios do trânsito intestinal (constipação, diarréia, ou alternância das duas) e um inchaço abdominal. Não ocorrem febre nem alteração do estado geral.

Sistema HLA: trata-se do complexo de histocompatibilidade maior (HLA, *human leucocyte antigens* ou antígenos leucocitários humanos). Ele foi descrito em 1958 por Jean Dausset, que recebeu o prêmio Nobel de medicina em 1980. A histocompatibilidade baseia-se na existência de antígenos especiais sobre os glóbulos brancos do sangue e todas as células nucleadas do organismo. Esses antígenos constituem uma marca de identificação biológica.

Sistema imunológico: conjunto de mecanismos que permite combater os agentes agressivos, geralmente exteriores, que colocam o organismo em risco. Ele atua com a ajuda de diferentes atores, como os glóbulos brancos, ou substâncias solúveis como os anticorpos.

TSH: o tireoestimulante hipofisário é um hormônio estimulante da tireóide.

Vasoconstrição/vasodilatação: os vasos sangüíneos, especialmente as artérias, são capazes de variar seu calibre através da contração ou do relaxamento das fibras musculares de suas paredes. Esse fenômeno permite a modulação do volume de sangue, que aumenta em caso de vasodilatação e diminui com a vasoconstrição. O aumento do volume traz mais oxigênio, glicose e nutrientes ao órgão ou músculo vascularizado. Os mecanismos de vasoconstrição e vasodilatação interagem na regulação da temperatura corporal. Quando o organismo se resfria, os reflexos de vasoconstrição periférica permitem manter a temperatura central constante. Ao contrário, quando o organismo produz muito calor, durante um esforço muscular, por exemplo, ocorre uma vasodilatação periférica para dispersar o calor excessivo.

Índice

Q

R

S

T

U

V

Y

FADIGA CRÔNICA
foi impresso em São Paulo/SP, pela Quebecor World São Paulo
para a Larousse do Brasil, em junho de 2007.